石油教材出版基金资助项目

石油高等院校特色规划教材

结晶学与矿物学、晶体光学实验指导书

（富媒体）

陈　曦　刘小洪　主编

石油工业出版社

内 容 提 要

本书是与"结晶学与矿物学""晶体光学"两门课程相配套的实验教程,分为结晶学、矿物学、晶体光学、常见透明造岩矿物光性特征四大部分。其中结晶学部分围绕晶体对称、晶体定向、单形和聚形等重点难点,通过模型操作、注意事项、视频演示等,使学生加深对理论的理解与掌握;矿物学部分通过大量的矿物视频、鉴定特征注释等,加强学生对常见矿物的认识和鉴别能力;晶体光学围绕矿物在单偏光、正交偏光和锥光镜下的特征,通过大量的视频、图片资料,使学生加深对矿物在偏光显微镜下光性特征的认识。书中以二维码为纽带,加入了230余个富媒体资源,更具可读性、实用性和便利性。

本书可供从事地质学、材料科学、环境科学、宝玉石学等方面教学、科研及应用开发的高等院校师生、科研人员参考使用。

图书在版编目(CIP)数据

结晶学与矿物学、晶体光学实验指导书:富媒体/
陈曦,刘小洪主编.—北京:石油工业出版社,2020.3(2022.1重印)
石油高等院校特色规划教材
ISBN 978-7-5183-3887-0

Ⅰ.①结… Ⅱ.①陈…②刘… Ⅲ.①晶体学—实验—高等学校—教学参考资料②矿物学—实验—高等学校—教学参考资料③晶体光学—实验—高等学校—教学参考资料 Ⅳ.①O7-33②P57-33③O734-33

中国版本图书馆 CIP 数据核字(2020)第 028052 号

出版发行:石油工业出版社
(北京市朝阳区安华里2区1号楼 100011)
网　　址:www.petropub.com
编辑部:(010)64523694　图书营销中心:(010)64523633

经　销:全国新华书店
排　版:北京密东文创科技有限公司
印　刷:北京中石油彩色印刷有限责任公司

2020年3月第1版　2022年1月第2次印刷
787毫米×1092毫米　开本:1/16　印张:7.5　插页:1
字数:163千字

定价:20.00元
(如出现印装质量问题,我社图书营销中心负责调换)
版权所有,翻印必究

前　　言

　　造岩矿物鉴定是地质学、资源勘查工程以及相关专业学生、地质工作者必备的一项基本专业技能。本书的编写以西南石油大学"结晶学与矿物学""晶体光学"两门课程的理论教学内容为依据，参阅了部分兄弟院校的教材及实验指导书，作为相关课程的配套实验教材。

　　本实验教材与课堂教学紧密相连，并遵循矿物鉴定从肉眼到镜下、从宏观到微观的本质特征，对实验项目进行归纳，将矿物肉眼鉴定方法和偏光显微镜鉴定方法有机结合，并加入富媒体内容，使学习者能够通过实验更好地掌握常见矿物鉴定的内容、方法、步骤及特征。本书内容精炼、深入浅出，配套了大量的视频和图片，生动形象、清晰明了，尽可能满足教学要求或自学需求。

　　全书共分为四篇。第一篇为结晶学，共7个实验项目，主要包括晶体的极射赤平投影、晶体的对称分类、晶体的定向、单形和聚形以及杂质对晶体生长的影响。第二篇为矿物学，共8个实验项目，主要包括矿物的形态及物理性质、不同类型常见矿物的识别。第三篇为晶体光学，共10个实验项目，主要包括矿物在单偏光镜、正交偏光镜以及锥光镜下光性特征的观察与测定。第四篇为常见透明造岩矿物的光性特征，介绍了50余种常见矿物的光性特征。

　　本书是在原西南石油大学矿物岩石教研室《矿物岩石学实验指导书》《岩矿实验指导书》《晶体光学实验指导书》的基础上进一步编写而成的。第一篇由冯明友编写；第二篇实验一至实验五由刘小洪编写，实验六至实验八由何江编写；第三篇由陈曦编写；第四篇由赵峰编写；附录由方乙编写。全书由陈曦、刘小洪整理统稿。在编写过程中，西南石油大学郝爱华教授、唐洪明教授仔细审稿并提出了许多宝贵的修改意见，在此表示衷心的感谢！

　　限于编者水平有限、时间仓促，不当或错误之处在所难免，衷心希望使用本书的老师和同学们提出宝贵的意见，以便修订时完善。

编　者
2019年12月

目　　录

第一篇　结　晶　学

实验一　晶体的极射赤平投影 …………………………………………………………… 1
实验二　晶体的对称及对称分类 ………………………………………………………… 6
实验三　晶体定向及晶面符号确定——三轴 …………………………………………… 10
实验四　晶体定向及晶面符号确定——四轴 …………………………………………… 14
实验五　晶体的 47 种几何单形 ………………………………………………………… 17
实验六　晶体的聚形分析 ………………………………………………………………… 23
实验七　杂质对晶体生长的影响 ………………………………………………………… 26

第二篇　矿　物　学

实验一　矿物的形态和物理性质 ………………………………………………………… 30
实验二　岛状和环状结构硅酸盐亚类常见矿物 ………………………………………… 37
实验三　链状结构硅酸盐亚类常见矿物 ………………………………………………… 41
实验四　层状和架状结构硅酸盐亚类常见矿物 ………………………………………… 45
实验五　碳酸盐、硫酸盐及其他含氧盐常见矿物 ……………………………………… 50
实验六　硫化物和自然元素大类常见矿物 ……………………………………………… 55
实验七　氧化物、氢氧化物和卤化物大类常见矿物 …………………………………… 61
实验八　矿物晶体化学式的计算 ………………………………………………………… 66

第三篇　晶　体　光　学

实验一　偏光显微镜的校验与调整 ……………………………………………………… 69
实验二　矿物形态与解理的观测 ………………………………………………………… 73
实验三　矿物多色性与吸收性的观测 …………………………………………………… 75
实验四　矿物边缘、贝克线、糙面和突起的观测 ……………………………………… 77
实验五　干涉色特征及光率体椭圆切面半径方向和名称测定 ………………………… 79

实验六　矿物干涉色级序及双折射率的测定 ……………………………………… 81
实验七　矿物消光角、延性符号的测定与双晶的观测 …………………………… 84
实验八　一轴晶矿物干涉图的观测 ………………………………………………… 88
实验九　二轴晶矿物干涉图的观测 ………………………………………………… 90
实验十　透明造岩矿物系统鉴定 …………………………………………………… 92

第四篇　常见透明造岩矿物光性特征

一、暗色矿物 ………………………………………………………………………… 94
二、浅色矿物 ………………………………………………………………………… 98
三、副矿物 …………………………………………………………………………… 103

参考文献 ……………………………………………………………………………… 106
附录Ⅰ　矿物中英文对照及代号表（IUGS 推荐）………………………………… 107
附录Ⅱ　透明矿物干涉色色谱表 …………………………………………………… 111

富媒体资源目录

序号	名称	页码
	第一篇　结晶学	
1	视频 1.1.1　磷灰石晶面的极射赤平投影	1
2	视频 1.1.2　面角 $r_1 \wedge r_2$ 求取	4
3	视频 1.1.3　用球面坐标表示晶面投影点的位置	4
4	视频 1.2.1~视频 1.2.8　101 模型、102 模型、405 模型、2206 模型、3303 模型、502 模型、5513 模型、6610 模型	8~9
5	视频 1.3.1~视频 1.3.6　101 模型、102 模型、2206 模型、502 模型、5513 模型、6610 模型	13
6	视频 1.3.7　晶体定向及晶面符号确定——三轴	13
7	视频 1.3.8　对称要素的极射赤平投影——三轴	13
8	视频 1.4.1~视频 1.4.4　3303 模型、405 模型、4406 模型、4407 模型	16
9	视频 1.4.5　晶体定向及晶面符号确定——四轴	16
10	视频 1.4.6　对称要素的极射赤平投影——四轴	16
11	动画　17 种常见单形的几何特征	18~20
12	视频 1.5.1　单形符号确定	22
13	视频 1.6.1　橄榄石晶体模型	24
14	视频 1.6.2~视频 1.6.9　1101 模型、2206 模型、3303 模型、4406 模型、4407 模型、5513 模型、6603 模型、6610 模型	24~25
15	视频 1.6.10　晶体的聚形分析	25
16	视频 1.7.1　杂质对晶体生长的影响	28
17	视频 1.7.2　晶体的生长实验结果	28
	第二篇　矿物学	
1	视频 2.1.1　矿物单体理想形态	31
2	视频 2.1.2　晶习——一向延伸	31
3	视频 2.1.3　晶习——二向延展	31
4	视频 2.1.4　晶习——三轴等长	31
5	视频 2.1.5　晶面特征	31
6	视频 2.1.6　平行连晶	31
7	视频 2.1.7　双晶	31
8	视频 2.1.8　晶簇	31
9	视频 2.1.9　隐晶质及胶态集合体	31

序号	名称	页码
10	视频2.1.10 矿物的颜色	32
11	视频2.1.11 矿物的光泽	33
12	视频2.1.12 矿物的条痕色	34
13	视频2.1.13 矿物的解理	34
14	视频2.1.14 矿物的断口类型	35
15	视频2.1.15 矿物的硬度测定	35
16	视频2.2.1 岛状结构硅酸盐亚类常见矿物	37~38
17	视频2.2.2 环状结构硅酸盐亚类常见矿物	39
18	视频2.3.1 链状结构硅酸盐亚类常见矿物	41~42
19	视频2.4.1 层状结构硅酸盐亚类常见矿物	45~46
20	视频2.4.2 架状结构硅酸盐亚类常见矿物	47
21	视频2.5.1 碳酸盐、硫酸盐、磷酸盐类常见矿物	50~52
22	视频2.6.1 自然元素大类常见矿物	55~56
23	视频2.6.2 硫化物及其类似化合物大类常见矿物	56~58
24	视频2.7.1 氧化物和氢氧化物大类常见矿物	61~63
25	视频2.7.2 卤化物大类常见矿物	64
	第三篇 晶体光学	
1	视频3.1.1 偏光显微镜的构造——机械系统组件	70
2	视频3.1.2 偏光显微镜的构造——光学系统组件	70
3	视频3.1.3 偏光显微镜的构造——常用附件	70
4	视频3.1.4 装卸目镜	70
5	视频3.1.5 调节照明	70
6	视频3.1.6 调节焦距	70
7	视频3.1.7 校正物镜中心	71
8	视频3.1.8 下偏光镜的校正	71
9	视频3.1.9 上偏光镜的校正	71
10	彩图3.2.1 电气石⊥c轴的切面	73
11	彩图3.2.2 电气石∥c轴的切面	73
12	彩图3.2.3 黑云母⊥c轴的切面	73
13	彩图3.2.4 黑云母∥c轴的切面	74
14	彩图3.2.5 角闪石⊥c轴的切面	74
15	彩图3.2.6 角闪石∥(010)的切面	74
16	视频3.2.1 解理夹角的测定	74

序号	名称		页码
17	视频 3.3.1	电气石⊥c 轴的切面	75
18	视频 3.3.2	电气石//c 轴的切面	75
19	视频 3.3.3	电气石斜交 c 轴的切面	75
20	视频 3.3.4	黑云母⊥c 轴的切面	76
21	视频 3.3.5	黑云母//c 轴的切面	76
22	视频 3.3.6	角闪石⊥c 轴的切面	76
23	视频 3.3.7	角闪石//(010)的切面	76
24	视频 3.4.1	边缘和贝克线	77
25	视频 3.4.2	萤石贝克线的移动规律	77
26	视频 3.4.3	假贝克线	77
27	视频 3.4.4	白云母的闪突起	78
28	视频 3.4.5	方解石的闪突起	78
29	视频 3.5.1	干涉色级序特征	79
30	视频 3.5.2	光率体椭圆切面半径名称的测定	79
31	视频 3.5.3	石膏试板	79
32	视频 3.5.4	云母试板	79
33	视频 3.6.1	楔形边法	81
34	视频 3.6.2	同名半径平行,干涉色升高至高级白	81
35	视频 3.6.3	异名半径平行,干涉色降低至消色	81
36	视频 3.6.4	缓慢抽出石英楔,干涉色逐渐升高	81
37	视频 3.6.5	取出矿片,缓慢抽出石英楔,干涉色逐渐降低	81
38	视频 3.6.6	高级白干涉色鉴别方法	82
39	彩图 3.7.1	电气石⊥c 轴的切面	84
40	彩图 3.7.2	电气石//c 轴的切面	84
41	视频 3.7.1	电气石延性符号的测定	84
42	彩图 3.7.3	红柱石⊥c 轴的切面	85
43	彩图 3.7.4	红柱石//c 轴的切面	85
44	彩图 3.7.5	红柱石延性符号的测定	85
45	彩图 3.7.6	角闪石⊥c 轴的切面	85
46	彩图 3.7.7	角闪石//(010)的切面	85
47	视频 3.7.2	角闪石消光角的测定	85
48	视频 3.7.3	角闪石延性的测定	85
49	视频 3.7.4	简单双晶	86

序号	名称	页码
50	视频3.7.5　复式双晶	86
51	视频3.8.1　方解石垂直光轴切面光性符号测定——石膏试板	88
52	视频3.8.2　方解石垂直光轴切面光性符号测定——石英楔	88
53	彩图3.8.1　石英垂直光轴切面光性符号测定	88
54	视频3.8.3　方解石斜交光轴切面光性符号测定	88
55	视频3.8.4　石英平行光轴切面光性符号测定	88
56	视频3.9.1　二轴晶⊥Bxa切面光性符号测定	90
57	视频3.9.2　二轴晶⊥OA切面光性符号测定	90
58	视频3.10.1　紫苏辉石镜下鉴定特征	93
59	视频3.10.2　普通角闪石镜下鉴定特征	93
第四篇　常见透明造岩矿物光性特征		
1	视频4.1　橄榄石镜下鉴定特征	94
2	视频4.2　紫苏辉石镜下鉴定特征	95
3	视频4.3　普通辉石镜下鉴定特征	95
4	视频4.4　普通角闪石镜下鉴定特征	96
5	视频4.5　云母镜下鉴定特征	97
6	视频4.6　石英镜下鉴定特征	98
7	视频4.7　玉髓镜下鉴定特征	99
8	视频4.8　透长石镜下鉴定特征	99
9	视频4.9　正长石镜下鉴定特征	100
10	视频4.10　微斜长石镜下鉴定特征	100
11	视频4.11　歪长石镜下鉴定特征	101
12	视频4.12　条纹长石镜下鉴定特征	101
13	视频4.13　斜长石镜下鉴定特征	102
14	视频4.14　方解石镜下鉴定特征	102
15	视频4.15　白云石镜下鉴定特征	103
16	视频4.16　电气石镜下鉴定特征	103
17	视频4.17　锆石镜下鉴定特征	103
18	视频4.18　金红石镜下鉴定特征	103
19	视频4.19　榍石镜下鉴定特征	103
20	视频4.20　磷灰石镜下鉴定特征	104
21	视频4.21　独居石镜下鉴定特征	104
22	视频4.22　尖晶石镜下鉴定特征	104

本教材富媒体资源由作者提供，若有教学需要，可向责任编辑索取，联系邮箱gaojiaofenshe@vip.126.com。

第一篇　结　晶　学

实验一　晶体的极射赤平投影

一、课前准备

掌握面角守恒定律,理解晶体极射赤平投影原理,了解吴氏网的构成,了解吴氏网在结晶学上的应用。

二、目的及要求

(1)理解并掌握晶体极射赤平投影的原理和方法。
(2)了解吴氏网的构成及其网线的性质。
(3)熟练掌握晶体极射赤平投影的方法和吴氏网在结晶学上的应用。
(4)体会几何多面体晶体与极射赤平投影平面图之间的对应关系。

三、内容、方法和步骤

(一)观察并比较磷灰石的实际晶形与理想形态(模型)的异同

磷灰石晶体的形态(模型)如图1.1.1所示,观察并比较其实际晶形与理想形态(模型)的异同。

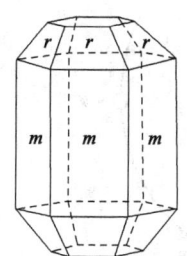

图1.1.1　磷灰石晶体的形态(模型)

视频1.1.1　磷灰石晶面的极射赤平投影

(二)用吴氏网作晶面的极射赤平投影(视频1.1.1)

1. 作投影的准备工作

将一张透明纸蒙在吴氏网上,用铅笔在透明纸上描出基圆,用符号"+"标出网的中心,并选择横直径作为零度子午面,在横直径右端与基圆相交处画一箭头,注明 $\varphi = 0°$,如图 1.1.2 所示。

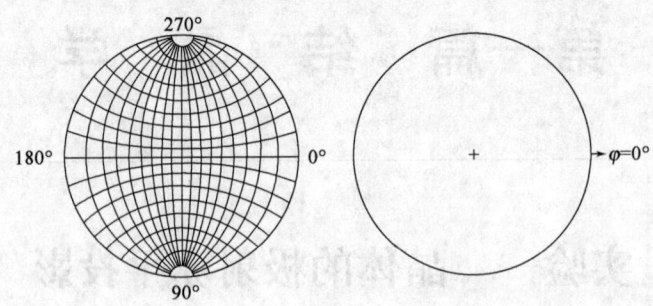

图 1.1.2 吴氏网(左)和在透明纸上画出的基圆(右)

2. 作 m 面的极射赤平投影

将磷灰石的 m 晶面置于垂直网面的方向,则它们的投影点应落在基圆上。投影方法是:首先令其一个 m 面投影于 $\varphi = 0°$ 处,以符号"⊙"表示,旁边标上 m_1。由 m_1 面起,沿着基圆顺时针方向量 $m_1 \wedge m_2$ 的面角,得到 m_2 的投影点。同样,可以依次得出 m_3、m_4、m_5、m_6 的极射赤平投影点。

3. 作 r 面的极射赤平投影

将吴氏网中心点与 m_1 作连线,该直线即为网的横直径(零度子午面),利用横直径上的刻度自 m_1 沿横直径向里(中心)量出 $m \wedge r$ 的面角,即得 r_1 的极射赤平投影点,仍以符号"⊙"表示,并标上 r_1。若投影 r_2 晶面时,将吴氏网中心点与 m_2 作连线,转动透明纸(其中心点与网的中心点不能位移)使连线与横直径重合,自 m_2 点向中心量出 $m \wedge r$ 的面角,便获得 r_2 投影点。同样操作,可获得 r_3、r_4、r_5、r_6 的投影点,如图 1.1.3 所示。

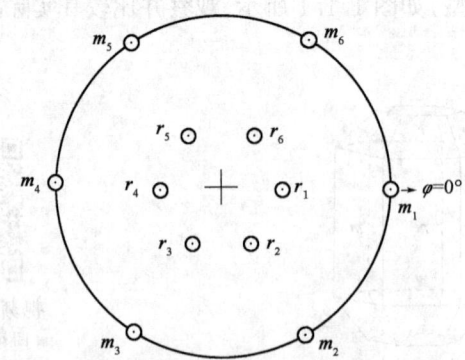

图 1.1.3 磷灰石晶体的极射赤平投影

(三)用球面坐标表示晶面投影点的位置,并求出 $r \wedge r$ 之间的面角

1. 用球面坐标表示晶面投影点的位置

例如,在投影图上求 r_2 晶面投影点的球面坐标,其方法如下:将中心点与 r_2 连线延长与基

圆(m_2)相交,由 $\varphi=0°$ 处起顺时针方向量至交点的度数,就是 r_2 的方位角 φ;再转动透明纸使中心点与 r_2 的连线与吴氏网横直径重合,由中心点至 r_2 间的角度就是 r_2 的极距角 ρ(为什么?)。晶面投影和用球面坐标(ρ、φ)表示晶面方位的原理如图 1.1.4 所示。

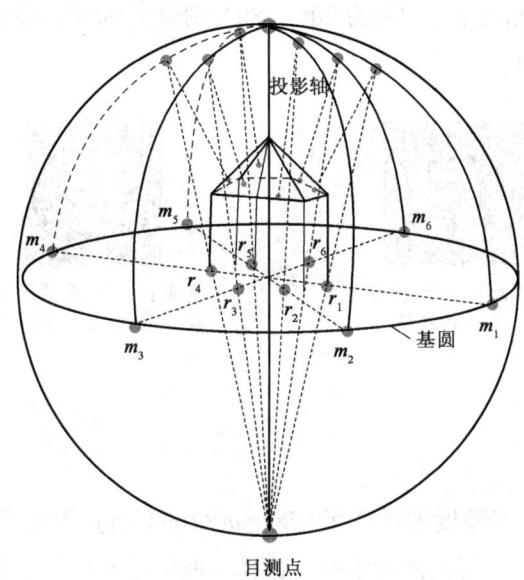

图 1.1.4　晶面投影和以球面坐标(ρ、φ)表示晶面方位的原理图

按照上述方法,求出 r_1、r_2、r_3、r_4、r_5、r_6 及 m_1、m_2、m_3、m_4、m_5、m_6 的方位角 φ 和极距角 ρ,填入表 1.1.1 内。

表 1.1.1　球面坐标记录表

晶面	φ	ρ	晶面	φ	ρ
r_1			m_1		
r_2			m_2		
r_3			m_3		
r_4			m_4		
r_5			m_5		
r_6			m_6		

2. 求面角 $r_1 \wedge r_2$

求面角 $r_1 \wedge r_2$ 的方法是(视频 1.1.2):转动透明纸(中心点不动),使 r_1 和 r_2 落于吴氏网的一个大圆弧上,在大圆弧上借助网的大圆弧刻度量得 r_1 和 r_2 点之间的度数,即为它们的面角。同样方法可求得 r_2 与 r_3、r_3 与 r_4、r_4 与 r_5、r_5 与 r_6 的面角。将结果与实测数据对比,并记录在透明纸的右下角。

(四)已知球面坐标作极射赤平投影

根据晶体测量结果,已知某一晶面 M 的球面坐标(极距角 ρ_m 和方位角 φ_m),作该晶面的极射赤平投影。

其方法是(视频 1.1.3):φ_m 在基圆上度量,ρ_m 则在直径上度量;首先在基圆上从 $\varphi = 0°$ 点开始顺时针数角度 φ_m,得到一点,将此点与网的中心点作连线,此线即为方位角 φ_m 的子午面投影;使中心点不动,旋转透明纸,使纸上的直线与网的横半径重合,利用网的横半径上的刻度,从网的中心量得一个角度 ρ_m(如果为 90°~180°,则量至 90°再往回量),这样就可以绘出该晶面的极射赤平投影点 M。

视频1.1.2 面角
$r_1 \wedge r_2$ 求取

视频1.1.3 用球面坐标
表示晶面投影点的位置

四、实验报告

提前准备一张具有一定硬度的透明纸($787mm \times 1092mm$),覆盖于附图中的吴氏网上,用圆规描出基圆,并用符号"+"标出网的中心。选择一横半径为 0°子午面,在它和基圆的交点处注明"$\varphi = 0°$",以下实验内容的作图部分均在透明纸上完成。

(1)已知某一晶面 M 的球面坐标为 $\rho_m = 120°$,$\varphi_m = 256°$,求作其极射赤平投影点。

(2)已知两晶面 N 和 P 的球面坐标为 $\rho_n = 68°$,$\varphi_n = 256°$;$\rho_p = 20°$,$\varphi_p = 46°$,求此两晶面的面角。

晶面 N 和 P 的面角为_____。

(3)已知磷灰石晶体上,面角 $m \wedge m = 60°$,$m \wedge r = 40°$,求作其所有晶面的投影,并在投影图中求 $r \wedge r$。

$r \wedge r =$_____。

五、思考题

(1)什么是面角守恒定律,其意义如何?
(2)什么叫面角和晶面夹角,它们有何关系?
(3)极距角(ρ)与方位角(φ)的含义是什么?它们在吴氏网上如何度量?
(4)简述吴氏网上的基圆、直径、大圆弧、小圆弧的意义。
(5)已知晶面 a 的球面坐标 $\varphi = 56°20'$,$\rho = 90°$,作出平行 a 晶面的晶面投影点 b 和垂直 a 晶面的晶面投影点 c,并求出它们的球面坐标。

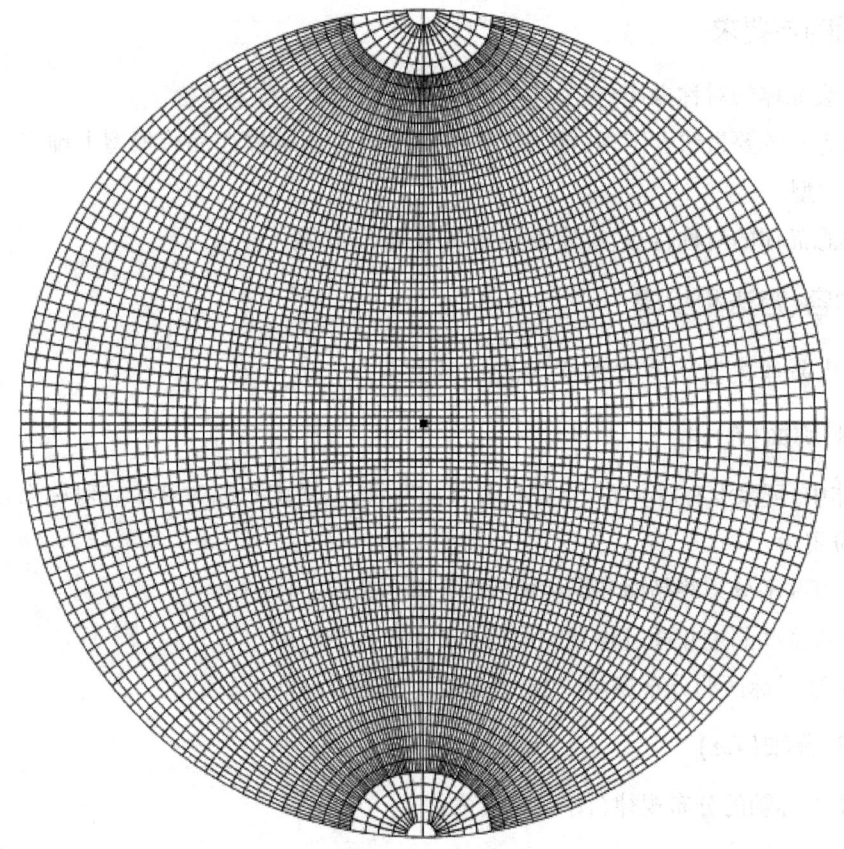

附图　吴氏网

实验二　晶体的对称及对称分类

一、课前准备

理解对称操作、对称要素、对称要素组合定理和对称型,掌握晶体的对称分类体系。

二、目的与要求

(1)学会晶体的对称操作,在晶体模型上找出其全部对称要素。

(2)熟悉对称要素组合定理,能够应用对称要素组合定理在晶体模型上确定全部对称要素,定出对称型。

(3)熟悉晶体的对称特点,确定晶体所属的晶族和晶系。

三、内容、方法和步骤

(一)从晶体模型上找对称要素的一般方法

1. 找对称面(P)

在晶体中,可以没有对称面,也可有多个对称面,但最多不超过9个。对称面在晶体中可能出现的位置为:

(1)垂直并平分某些晶面和晶棱的假想平面[图1.2.1(a)];

(2)包含某些晶棱并通过角顶的假想平面[图1.2.1(b)]。

根据上述对称面的分布规律,找出模型中所有的对称面。

2. 找对称轴(Ln)

模型中对称轴的分布规律(图1.2.2)为:

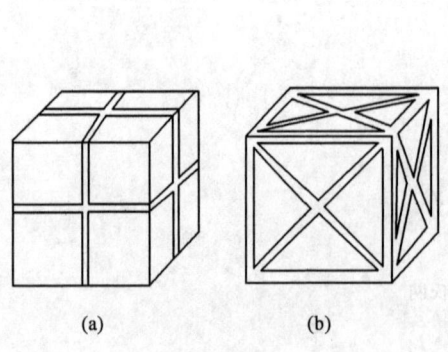
图1.2.1　立方体中对称面的分布

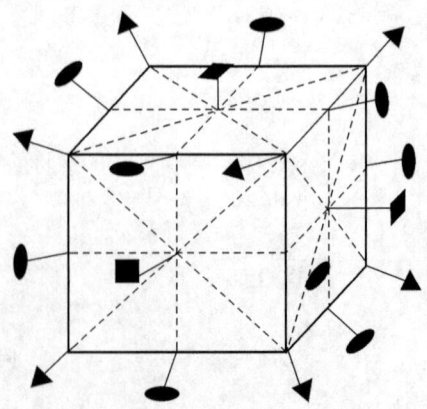
图1.2.2　立方体中对称轴的分布

(1) 垂直并平分晶棱的假想直线只能是 L^2；

(2) 通过晶面中心且垂直该晶面的假想直线可能是 L^2、L^3、L^4、L^6；

(3) 通过角顶的假想直线可能是 L^3、L^4、L^6。

根据上述对称轴的分布规律，找出模型中所有的对称轴。注意：L^1 无实际意义，可以省略。

3. 找对称中心（C）

在晶体中可以没有对称中心，若有则只能有 1 个，位于晶体几何中心。

对称中心的一般找法为：将模型每一个晶面分别贴于桌面上，如果都存在跟它反向平行的晶面，则该模型存在对称中心；如果晶体上部出现棱或角顶，则该模型无对称中心。

（二）根据对称要素组合定理，推导出晶体模型中全部对称要素

1. 低级晶族（三斜、单斜、斜方晶系）

模型上无高次轴，当找到 L^2 时，将其直立，再观察：

(1) 无与其垂直的 L^2，若有则必有 2 个 L^2 同时垂直该 L^2，为 3 L^2（$L^2 \times L^2_{(\perp)} \to L^2 2L^2 \to 3L^2$）；

(2) 有无包含 L^2 的 P，若有则必有 2 个 P 同时包含该 L^2（$L^2 \times P_{(//)} \to L^2 2P$）；

(3) 有无与 L^2 垂直的 P，若有则该模型必有对称中心 C（$L^2 + P_{(\perp)} \to L^2PC$）。

2. 中级晶族四方晶系

模型上只有一个高次轴 L^4，当找到 L^4 时，将其直立，再观察：

(1) 有无与其垂直的 L^2，若有则必有 4 个 L^2 同时垂直该 L^4，为 4 L^2（$L^4 \times L^2_{(\perp)} \to L^4 4L^2$）；

(2) 有无包含 L^4 的 P，若有则必有 4 个 P 同时包含该 L^4（$L^4 \times P_{(//)} \to L^4 4P$）；

(3) 有无与 L^4 垂直的 P，若有则该模型必有对称中心 C（$L^4 + P_{(\perp)} \to L^4PC$）。

3. 中级晶族三、六方晶系

在三方、六方晶系中，有一个 L^3（L^3_i）或 L^6（L^6_i），它们是通过角顶或面中心的一条假想直线，当找到 L^3 或 L^6 时，将其直立，再观察：

(1) 有无与 L^3（或 L^6）垂直的 L^2，若有则必有 3 个 L^2 同时垂直该 L^3（或 6 个 L^2 同时垂直该 L^6）；

(2) 有无包含 L^3（或 L^6）的 P，若有则必有 3 个 P 同时包含该 L^3（或 6 个 P 同时包含该 L^6）；

(3) 有无与 L^3（或 L^6）垂直的 P，若有则该模型必有对称中心 C。

4. 高级晶族

在高级晶族中存在一些特殊情况，尽量不用组合定理寻找对称要素。

高级晶族必有 3 个相互垂直的 L^4 或 L^2 或 L^4_i，如果有 3 个 L^4 相互垂直，在 3 个相互垂直的

L^4 的等角度处必有 L^3,而且有 4 个 L^3 与之斜交,有 6 个 L^2 分别位于 2 个 L^4 的角分线处;若有对称面 P 存在时,则必有 9 个对称面和对称中心存在,即对称型为 $3L^4 4L^3 6L^2 9PC$。

如果有 3 个 L^2 相互垂直,在 3 个相互垂直的 L^2 的等角度处有 4 个 L^3 与之斜交;若有对称面 P 存在时,则必有 3 个对称面和对称中心存在,即对称型为 $3L^2 4L^3 3PC$。

(三)确定对称型及划分晶族和晶系

(1)确定对称型。将所有对称要素按对称轴→对称面→对称中心顺序书写,并在对称轴和对称面前面加上数目。注意:对称轴书写顺序一般由高到低,如 $3L^4 4L^3 6L^2 9PC$,但在等轴晶系中有特例,如 $3L^2 4L^3 3PC$。

(2)划分晶族和晶系。根据有无高次对称轴及高次轴的个数来划分晶族;再根据对称型的特点来划分晶系(表 1.2.1)。

表 1.2.1 各晶族、晶系晶体对称要素特点

晶族	晶系	对称要素特点	常见的对称型	晶体外形特点
高级	等轴	$4L^3$ (高次轴多于1个)	$3L^4 4L^3 6L^2 9PC$ $3L^2 4L^3 6P$ $3L^2 4L^3 3PC$	三向等长粒状
中级	六方 四方 三方	高次轴只有一个 (高次轴方向为直立方向)	L^6 或 L_i^6 L^4 或 L_i^4 L^3 或 L_i^3	$L^6 L^2 7PC$ $L^4 4L^2 5PC$ $L^3 3 L^2 3PC$ $L^3 3L^2$	柱状、针状 (有时为板状)
低级	斜方 单斜 三斜	无高次轴	L^2 或 P 多于 1 个 L^2 或 P 不多于 1 个 无 L^2 或 P	$3L^2 3PC$ $L^2 PC$ C	晶体形态 一般较复杂

四、实验报告

使用模型号:

视频1.2.1 101模型　　视频1.2.2 102模型　　视频1.2.3 405模型

视频1.2.4 2206模型　　视频1.2.5 3303模型　　视频1.2.6 502模型

5513

视频1.2.7 5513模型

6610

视频1.2.8 6610模型

完成实验报告。

对称要素 对称要素数目 模型号码	对称轴				对称面	对称中心	对称型	晶族	晶系
	L^6	L^4	L^3	L^2	P	C			

五、思考题

(1) 中级晶族矿物有何对称特点?

(2) 低级晶族矿物有何对称特点?

(3) 各晶系矿物空间格子常数有何特点?

(4) 中级晶族晶体中能否有 L^2 或 P 与唯一的高次轴(L^3、L^4、L^6)斜交?为什么?

实验三 晶体定向及晶面符号确定——三轴

一、课前准备

通过教材相关内容的学习,理解晶面符号的概念,了解晶体定向原则和三轴晶体各晶系的定向方法及其晶体常数特点。

二、目的要求

(1) 掌握等轴、四方、斜方、单斜、三斜晶系的晶体定向步骤,准确建立对应坐标系,并能熟练地确定晶面指数。

(2) 正确表达晶面符号的书写方式,熟悉晶体中晶面指数的含义。

(3) 对于同一晶体的晶面符号,能够确定出它们之间的空间关系。

(4) 了解对称要素极射赤平投影的方法及步骤。

三、内容方法和步骤

(一) 晶体定向与晶体的坐标系

选晶轴和确定轴单位:晶体的定向就是选择坐标系统,包括选定结晶轴和按照一定的法则确定晶体常数,晶轴选择十分重要。

具有三个结晶轴(X、Y、Z轴)的晶系:等轴晶系、四方晶系、斜方晶系、单斜晶系、三斜晶系。

选择晶轴,即选择交于晶体中心的三条坐标轴。选轴原则如下:

(1) 晶轴平行行列方向。首选晶轴平行于对称轴,如果没有对称轴,则选择对称面法线作为晶轴。若结晶轴、对称面不够或者没有时,则选择晶棱作为晶轴。

(2) 晶轴之间要尽可能垂直或近于垂直,轴单位应尽可能相等或近于相等。

三轴晶体各晶系的晶体定向原则和晶体常数特征见表1.3.1。

表1.3.1 三轴晶体各晶系的晶体定向原则和晶体常数特征

晶系	选轴原则	晶体常数	结晶轴立体图	结晶轴平面图
等轴	选$3L^4$或$3L_i^4$或$3L^2$分别为X、Y、Z轴	$a=b=c$, $\alpha=\beta=\gamma=90°$		
四方	选L^4或L_i^4为Z轴。选两个相互垂直的L^2或对称面的法线或晶棱方向分别为X、Y轴	$a=b\neq c$, $\alpha=\beta=\gamma=90°$		
斜方	$3L^2 3PC$:选$3L^2$分别为X、Y、Z轴。$L^2 2P$:选L^2分别为Z轴,对称面法线方向为X、Y轴。$2P$:对称面法线方向为X、Y轴	$a\neq b\neq c$, $\alpha=\beta=\gamma=90°$		

晶系	选轴原则	晶体常数	结晶轴立体图	结晶轴平面图
单斜	选 L^2 或对称面法线方向为 Y 轴,选与 Y 轴垂直的二个发育的晶棱方向(近 90°)分别为 X、Z 轴	$a \neq b \neq c$, $\alpha = \gamma = 90°$, $\beta > 90°$		
三斜	选三个发育的晶棱方向(交角近 90°)分别为 X、Y、Z 轴	$a \neq b \neq c$, $\alpha \neq \beta \neq \gamma \neq 90°$		

(二)具体晶体定向步骤

(1)根据对称型,确定晶体所属晶系;

(2)选择坐标轴;

(3)确定晶体常数。

(三)晶面符号确定

晶面符号是代表晶面占据空间所在的位置的符号。晶体定向以后,晶体的空间方位可以借晶面与晶轴的截交关系来确定。

1. 表示方法

晶面符号采用米氏符号,即将晶面指数用"( )"括起来表示,一般写成(hkl),其中晶面指数是晶面在结晶轴上截距系数的倒数比,顺序为:X 轴、Y 轴、Z 轴。

2. 晶面符号的确定

(1)晶面与某一晶轴平行,则对应于该轴的晶面指数为"0"。

(2)晶面与晶轴相截,如果能确定具体数字时,则晶面指数用阿拉伯数字表示,如(100)、(211)、(110)等;如果不能确定具体数字时,则晶面指数可用文字符号 h、k、l 表示,如(hkl)、(hkk)。

3. 注意事项

(1)文字符号一般不与数字符号混用。如:(h20)是错误的写法;但(hk0)则可以,它表示该晶面与 Z 轴平行,与 X、Y 轴相截,且截距系数比不确切。

(2)晶面符号应是简单数字。如:(h00)、(400)并不是最简单数字,应写成(100);同样 (hh0)、(330)应写成(110)。

(四)对称要素的极射赤平投影

1. 对称面的投影

在球面投影时对称面与球面相交为大圆,故其极射赤平投影相当于球面大圆的投影:

水平对称面——基圆;

直立对称面——基圆的直径;

倾斜对称面——以基圆直径为弦的大圆弧。

有水平对称面时基圆为实线。无水平对称面时基圆为虚线。水平大圆的投影形成基圆,直立大圆的投影形成直径,倾斜大圆的投影形成大圆弧。

2. 对称轴和旋转反伸轴的投影

对称轴和旋转反伸轴的投影相当于极射赤平投影中晶面法线的投影:

直立的——基圆中心;

水平的——基圆上;

倾斜的——基圆内。

对称轴的赤平投影作图符号如图 1.3.1 所示。

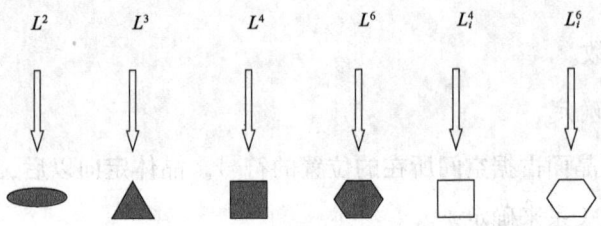

图 1.3.1 对称轴的赤平投影作图符号

3. 对称中心的投影

对称中心的投影,在基圆中心标出 C 即可。以立方体($3L^4 4L^3 6L^2 9PC$)为例,其对称要素及对应极射赤平投影图如图 1.3.2 所示。

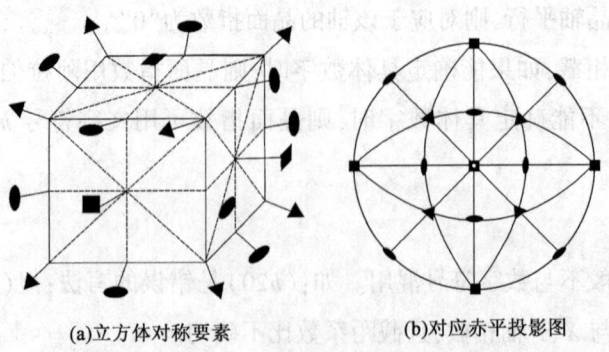

(a)立方体对称要素   (b)对应赤平投影图

图 1.3.2 立方体对称要素与对应赤平投影图

四、实验报告

(1) 使用模型号：

视频1.3.1 101模型　　视频1.3.2 102模型　　视频1.3.3 2206模型

视频1.3.4 502模型　　视频1.3.5 5513模型　　视频1.3.6 6610模型

完成实验报告记录。

模型号码	对称型	晶系	定向		晶面符号（前、右、上）
			选轴原则	晶体常数特点	

(2) 晶体定向及晶面符号确定。

【例】2206 模型（对称型 $L^4 4L^2 5PC$），见视频 1.3.7。

(3) 对称要素的极射赤平投影。

【例】2206 模型（$L^4 4L^2 5PC$），见视频 1.3.8。

视频1.3.7 晶体定向及晶面符号确定——三轴

视频1.3.8 对称要素的极射赤平投影——三轴

五、思考题

(1) 单斜晶系晶体定向时，为什么必须选 L^2 或 P 的法线方向为 Y 轴？

(2) 在 $L^2 PC$ 中，(001)∧(010)、(001)∧(100)晶面间夹角如何？为什么？

(3) 在等轴晶系中，晶面(101)与晶面($\bar{1}$01)的关系是什么？为什么？

(4) "晶面(100)与晶面(010)一定垂直"是否正确？为什么？

(5) 判定下列晶面与晶面之间的空间关系：

(110)与(010)　　(001)与(100)　　(100)与(010)

实验四 晶体定向及晶面符号确定——四轴

一、课前准备

通过教材相关内容的学习,理解晶面符号的概念,了解晶体定向原则和四轴晶体各晶系的定向方法及其晶体常数特点。

二、目的要求

(1) 掌握三方、六方晶系的晶体定向步骤,准确建立对应坐标系,并能熟练地确定晶面指数。

(2) 正确表达晶面符号的书写方式,熟悉晶体中晶面指数的含义。

(3) 对于同一晶体的晶面符号,能够确定出它们之间的空间关系。

(4) 了解对称要素极射赤平投影的方法及步骤。

三、内容方法和步骤

(一) 晶体定向与晶体的坐标系统

选晶轴和确定轴单位:选择晶轴,即选择交于晶体中心的四条坐标轴。具有四个结晶轴 (X、Y、U、Z 轴) 的晶系为三方晶系和六方晶系。

选轴原则如下:

(1) 晶轴平行行列方向。首选晶轴平行于对称轴,如果没有对称轴,则选择对称面法线作晶轴。若结晶轴、对称面不够或者没有时,则选择晶棱作晶轴。

(2) 晶轴之间要尽可能垂直或近于垂直,轴单位应尽可能相等或近于相等。

四轴晶体各晶系晶体定向原则和晶体常数特征见表 1.4.1。

表 1.4.1 四轴晶体的晶体定向原则和晶体常数特征

晶系	选 轴 原 则	晶体常数	结晶轴立体及平面投影图
三方	选 L^3 或 L_i^3 为 Z 轴,选 3 个 L^2 或 3 个对称面法线或 3 个晶棱方向分别为 X、Y、U 轴	$a=b\neq c$, $\alpha=\beta=90°$, $\gamma=120°$	
六方	选 L^6 或 L_i^6 为 Z 轴,选 3 个 L^2 或 3 个对称面法线或 3 个晶棱方向分别为 X、Y、U 轴	$a=b\neq c$, $\alpha=\beta=90°$, $\gamma=120°$	

(二)具体晶体定向步骤

(1)根据对称型,确定晶体所属晶系;

(2)选择坐标轴;

(3)确定晶体常数。

(三)晶面符号确定

1. 表示方法

对四轴定向的晶体而言,晶面指数按 X、Y、U、Z 轴顺序排列,一般写作(hkil)。

2. 晶面符号的确定

(1)晶面符号中指数为 0 时,表明该晶面与相应的结晶轴平行;

(2)因晶面指数是从截距系数的倒数比获得的,故当轴单位相等时,晶面指数越大,在晶轴上的截距越小;

(3)在同一晶体上,如有两个晶面对应的晶面指数正负相反,绝对值相等,这两个晶面必互相平行。

3. 注意事项

晶面指数的前三个指数的代数和为零,即 h+k+i=0。

由于晶轴有正、负之分,晶面指数根据晶面截晶轴正、负端也有正、负之分,晶面指数为负数时,把负号写在指数的上方。

4. 对称要素的极射赤平投影

以磷灰石晶体($L^6 6L^2 7PC$)为例,其对称要素及对应极射赤平投影图如图 1.4.1 所示。

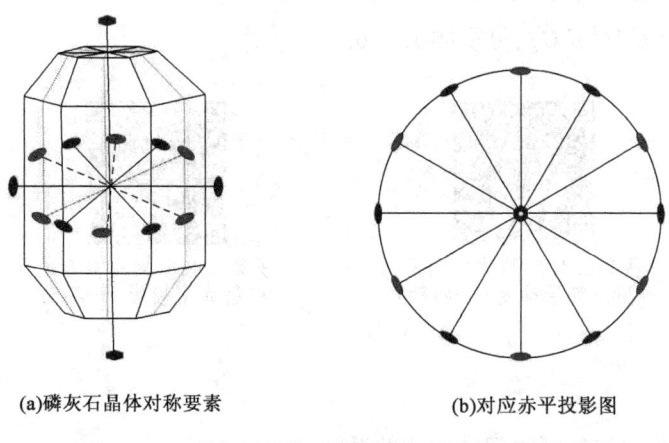

(a)磷灰石晶体对称要素　　(b)对应赤平投影图

图 1.4.1　磷灰石晶体对称要素与对应赤平投影图

四、实验报告

(1) 使用模型号：

视频1.4.1 3303模型

视频1.4.2 405模型

视频1.4.3 4406模型

视频1.4.4 4407模型

完成实验报告记录。

模型号码	对称型	晶系	定向		晶面符号（前、右、上）
			选轴原则	晶体常数特点	

(2) 晶面符号确定。

【例】405 模型（对称型 $L^3 3L^2 PC$），见视频 1.4.5。

(3) 对称要素的极射赤平投影。

【例】405 模型（$L^3 3L^2 PC$），见视频 1.4.6。

视频1.4.5 晶体定向及晶面符号确定——四轴

视频1.4.6 对称要素的极射赤平投影——四轴

五、思考题

(1) 判定下列晶面与晶面之间的空间关系：

$(10\bar{1}0)$ 与 (0001)　　$(10\bar{1}0)$ 与 $(11\bar{2}0)$　　$(10\bar{1}0)$ 与 $(10\bar{1}1)$

(2) 在对某三方晶系晶体进行定向及晶面符号确定时，求得某晶面的晶面符号为 $(22\bar{3}1)$，是否正确？为什么？

实验五 晶体的47种几何单形

一、课前准备

理解单形概念,了解单形的推导方法及47种几何单形在各晶系分布的一般规律,理解单形符号的概念。

二、目的及要求

(1)认识47种几何单形的形状,以及单形中晶面与对称要素的关系,从而进一步理解有关单形的概念,熟悉不同单形的形态特征。

(2)掌握不同单形在各个晶族、晶系中的分布。

(3)熟练掌握常见的单形及其单形符号的确定。

三、实验内容

(一)认识单形

根据单形的命名原则,对照教材认识47种几何单形,并通过对模型特征的观察,能准确定出17种常见单形的名称(表1.5.1)。

单形几何特征的观察内容主要包括5个方面:(1)晶面数目;(2)晶面的形状;(3)晶面间的几何关系;(4)晶面与对称要素间的关系;(5)通过晶体中心的横切面形状。

单形要与其所属的晶族、晶系联系起来,有些单形只在特定的晶族、晶系或晶类中出现。如高级晶族的立方体、八面体、菱形十二面体等15个单形,只能在等轴晶系中出现;四方晶系的四方柱、四方双锥等只出现在四方晶系中;斜方双锥只出现在斜方双锥晶类($3L^2 3PC$)中。有些几何单形则可以在不同的晶族、晶系或晶类中出现,如单面和平行双面,在低级晶族和中级晶族的各晶系中均可出现;三方柱、六方柱、三方双锥、六方双锥等单形,既可以在三方晶系中出现,又可以在六方晶系中出现;立方体既可以在六八面体晶类中出现,又可以在偏方复十二面体晶类中出现;但这些在不同晶族、晶系或晶类中出现的相同几何单形,应属于不同的结晶单形。

(二)单形在各晶族、晶系中的分布

在47种几何单形中,常见的有17种,其主要几何特征见表1.5.1。

表 1.5.1 17 种常见单形的几何特征

晶族	晶系	单形名称	晶面数目	晶面形状	晶面间的几何关系	与对称要素关系	横切面形状	单形形状	动画
低级晶族		平行双面	2		相互平行	双面间存在对称面、L^2或对称中心			
		斜方柱	4		两两平行、交棱相互平行	通过对棱中点和通过晶体中心平行晶棱的直线为L^2			
		斜方双锥	8	不等边三角形	晶面两两平行，相邻四个晶面交于一点	通过一对角顶的直线为L^2			
中级晶族	四方晶系	四方柱	4	矩形	晶面相邻垂直、相间平行，交棱互相平行	晶面及交棱平行于高次轴L^4			
		四方双锥	8	等腰三角形	晶面两两平行，相邻四个晶面交于一点	通过上下角顶的直线为L^4			
	三方晶系	三方柱	3	矩形	晶面互不平行，交棱互相平行	晶面及交棱平行于高次轴L^3			
		三方双锥	6	等腰三角形	相邻三个或四个晶面交于一点	上下三个晶面分别交L^3于一点			

续表

晶族	晶系	单形名称	晶面数目	晶面形状	晶面间的几何关系	与对称要素关系	横切面形状	单形形状	动画
中级晶族	三方晶系	菱面体	6	菱形	晶面两两平行，上下晶面相互错开60°	上下三个晶面分别交L^3于一点			
		复三方偏三角面体	12	不等边三角形	似菱面体的每个晶面等分为两个晶面而成	上下6个晶面分别交L^3于一点			
	六方晶系	六方柱	6	矩形	晶面两两平行，交棱相互平行	晶面及交棱平行于高次轴L^6			
		六方双锥	12	等腰三角形	晶面两两平行，相邻三个或四个晶面交于一点	上下6个晶面分别交L^6于一点			
高级晶族	等轴晶系	四面体	4	等边三角形	互不平行	晶面垂直L^3			
		立方体	6	正方形	晶面两两平行，相邻晶面相互垂直	晶面垂直L^4（或L^2）			

续表

晶族	晶系	单形名称	晶面数目	晶面形状	晶面间的几何关系	与对称要素关系	横切面形状	单形形状	动画
高级晶族	等轴晶系	八面体	8	等边三角形	晶面两两平行,相邻晶面斜交	晶面垂直L^3			
		四角三八面体	24	边两两分别相等的四边形	似八面体晶面由中心点处突起分为3个晶面而成	晶面法线在L^4与L^3之间			
		菱形十二面体	12	菱形	晶面两两平行	晶面垂直L^2(或L^2角分线)			
		五角十二面体	12	有4个边相等的五边形	由6对晶面组成,每对晶面以五边形不等长边为交棱,该6条棱两两平行	由五边形不等长边构成的三对晶棱相互垂直,每对晶棱中点连线为L^2			

47种几何单形在各晶族、晶系中的分布见表1.5.2、表1.5.3和表1.5.4。

表1.5.2 低级晶族单形

单形数目	单 形 名 称
7	单面*(开形)、双面(开形)、平行双面*(开形)、斜方柱*(开形)、斜方单锥(开形)、斜方双锥*、斜方四面体

注:*为常见单形。

表1.5.3 中级晶族单形

单形数目	晶系	柱类	锥 类	偏方体	偏三方面体	其 他
25	四方	四方柱*、复四方柱*	四方单锥、四方双锥*、复四方单锥、复四方双锥	四方偏方面体	复四方偏三角面体*	四方四面体
	三方	三方柱*、复三方柱	三方单锥、三方双锥*、复三方单锥、复三方双锥	三方偏方面体*	复三方偏三角面体*	菱面体*
	六方	六方柱*、复六方柱	六方单锥、六方双锥*、复六方单锥、复六方双锥	六方偏方面体		

注:(1) *为常见单形;
(2) 中级晶族中也包括单面和平行双面,但它们在低级晶族中已经出现,故不再计数;
(3) 中级晶族的偏方面体均有左形、右形之分。

表1.5.4 高级晶族单形

单形数目	单形名称
15	四面体*、三角三四面体、四角三四面体*、五角三四面体、六四面体、八面体*、三角三八面体*、四角三八面体*、五角三八面体、六八面体、立方体*、菱形十二面体*、偏方复十二面体、四六面体、五角十二面体

注:(1) *为常见单形;
  (2)高级晶族中的五角三四面体和五角三八面体均有左形、右形之分。

(三) 确定单形符号

确定单形符号指的是在单形中选择一个代表性晶面的符号,表示该单形的过程。

单形符号确定步骤如下:

(1)选取单形中代表晶面,选择正指数最多的晶面,具体选择顺序为"先前、次右、后上",其结果是晶面指数 $h \geq k \geq l$。

(2)确定代表晶面的晶面指数。

(3)确定单形符号,将晶面指数用大括号"{ }"括起来。

【例】立方体的单形符号为{100},五角十二面体的单形符号为{210},四角三八面体的单形符号为{211},如图1.5.1所示。

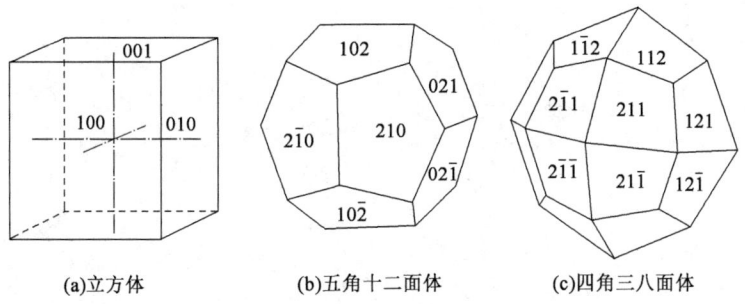

(a)立方体   (b)五角十二面体   (c)四角三八面体

图1.5.1 单形符号的确定

四、实验报告

(1)任选8个单形进行下列描述(标*),尽量每个晶族、晶系都涉及。

模型号	对称型	晶面数目	晶面形状	横切面形状	单形名称	单形符号

(2)单形符号确定。

【例】八面体($3L^4 4L^3 6L^2 9PC$),见视频 1.5.1。

五、思考题

(1)区别下列单形:

①三方双锥——方双锥、菱面体、三方偏方面体;

②斜方双锥——方双锥、四方双锥、八面体;

③斜方柱——方柱、四方柱;

④复三方柱——三方柱、六方柱;

⑤菱形十二面体——形十二面体、五角十二面体。

(2)三方晶系的复三方柱与六方晶系的六方柱有何不同?

(3)$L^2 PC$ 对称型中能否出现单面?为什么?

(4)为什么属于同一对称型的晶体可以出现不同的晶体形态?

(5)单形符号{100}、{110}、{111}在等轴、四方、斜方晶系中各代表何种单形?

(6)单形符号{10$\bar{1}$0}、{11$\bar{2}$0}、{10$\bar{1}$1}及{11$\bar{2}$1}在 $L^3 3L^2 3PC$ 及 $L^6 6L^2 7PC$ 对称型中各代表何种常见单形?

视频 1.5.1 单形符号确定

实验六　晶体的聚形分析

一、课前准备

复习与理解单形形成聚形的条件,为什么只有属于同一对称型的单形才能聚合成聚形?

二、目的与要求

(1)深入理解单形和聚形的概念,掌握聚形分析的方法、步骤。
(2)通过聚形分析进一步巩固理解单形相聚为聚形的原则。

三、实验内容

(一)聚形分析的方法和步骤

(1)确定晶体模型的对称型和所属晶族、晶系。

(2)确定聚形中单形数目:根据聚形晶体模型有多少种形状大小不同的晶面(同形等大的晶面属于同一单形),确定聚形中单形数目。

(3)确定单形名称:分别数清各单形的晶面数目,然后假设将同一单形的所有晶面扩展后相交,恢复其原晶面形状,假设将同一单形的所有晶面扩展后相交,恢复其原晶面形状,从而确定单形名称,或者根据晶面与对称要素之间的相对位置关系来确定单形名称。同样逐一考虑其他所有的单形,定出它们的名称。

(二)注意事项

(1)只有属于同一对称型的单形才能聚合成聚形,不属于同一对称型的单形就不能在同一聚形中出现。特别地,三轴晶体的单形不能跨族相聚,但单面、平行双面除外,它们可以在低级晶族和中级晶族垂直高次轴的位置出现。四方晶系和等轴晶系的单形都不能出现在其他晶系的晶体中,而低级晶族的单形往往可以在低级晶族内跨晶系相聚。

(2)三方、六方晶系的单形一般能跨晶系相聚,但三方晶系的对称型中大多可以出现六方柱、六方双锥等单形;而六方晶系对称型中,除有 L_i^6 的对称型外,不出现三方柱、三方双锥等单形;菱面体、复三方偏三角面体、三方偏方面体和六方偏方面体等不能跨晶系或晶类相聚。

(3)同一单形的晶面同形等大,因此在聚形分析时,不应将同形等大的晶面分成两个单形,或将两种不同的晶面合并成一个单形。

(4)单形相聚后,由于相互交截,往往改变了单形独存时的形状,因此在聚形中不能把晶面出现的形状当作单形的晶面形状来判断单形。

(三)聚形分析举例

视频1.6.1 橄榄石晶体模型

以橄榄石晶体模型(图1.6.1)为例,进行聚形分析(视频1.6.1):

(1)确定对称型:$3L^2 3PC$,属低级晶族、斜方晶系。

(2)确定单形的个数:有a、b、c、m、d、k、e等7种晶面,即7个单形。

(3)确定单形名称:a、b、c为平行双面;m、d、k为斜方柱;e为斜方双锥。

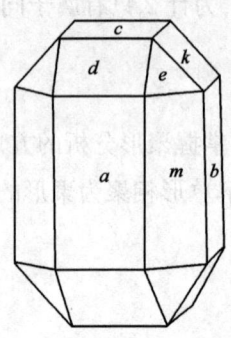

图1.6.1 橄榄石晶体模型及各单形代表晶面

注意:聚形中每一单形都有各自的单形符号。

3个平行双面:$a\{100\}$、$b\{010\}$、$c\{001\}$;

3个斜方柱:$m\{hk0\}$、$d\{h0l\}$、$k\{0kl\}$;

1个斜方双锥:$e\{hkl\}$。

四、实验报告

(1)使用模型号:

视频1.6.2 1101模型　　视频1.6.3 2206模型　　视频1.6.4 3303模型

视频1.6.5 4406模型　　视频1.6.6 4407模型　　视频1.6.7 5513模型

6603

视频1.6.8 6603模型

6610

视频1.6.9 6610模型

完成实验报告记录。

模型号码	对称型	晶族	晶系	单形数目	单形特征（绘出晶面形态）	单形名称	单形符号

（2）晶体的聚形分析。

【例】2206 模型（对称型 $L^4 4L^2 5PC$），见视频 1.6.10。

视频1.6.10 晶体的聚形分析

五、思考题

（1）菱形十二面体能够拆分成为四方双锥和四方柱吗？为什么？

（2）下列单形能否聚合成聚形？为什么？

①八面体、四方柱；

②四方双锥、平行双面；

③六方柱、菱面体；

④菱形十二面体、五角十二面体。

实验七　杂质对晶体生长的影响

一、课前准备

了解晶体形成的方式、晶体生长的基本理论、晶体生长的内部及外部因素。

二、目的及要求

(1) 了解晶体生长的内部因素。
(2) 理解晶体生长的外部影响因素，了解溶液中杂质及其饱和度对晶体生长的影响。
(3) 掌握由液相转变为晶体的过程。
(4) 理解不同矿物具有不同的晶体形态。

三、内容及方法

(一) 实验内容

晶体是在物相转变的情况下形成的，主要是由液相、气相和固相之间的相互转变形成晶体。溶液达到过饱和，即有晶体从溶液中结晶。晶体的形态主要取决于物质的成分和结构特征。同时在生长过程中，外界条件对晶体形态也有很大的影响，例如明矾在不同过饱和度的溶液中生长，其晶体形态不同(图 1.7.1)。

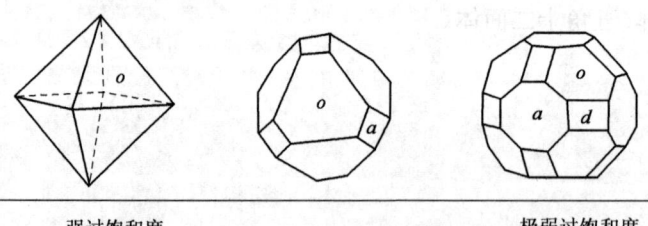

图 1.7.1　在不同过饱和度的溶液中生长的明矾晶体

o—八面体；a—立方体；d—菱形十二面体

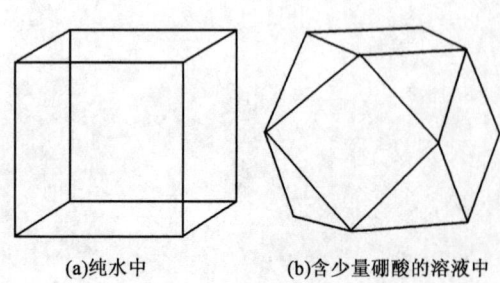

图 1.7.2　杂质对石盐晶形的影响

溶液中杂质的存在可以改变晶体上不同面网的表面能，从而使其相对生长速度也随之变化，进而影响晶体的形态。例如，在纯净的石盐过饱和溶液中生成的石盐晶体呈立方体，如果加入少量硼酸，则出现八面体和立方体的聚形(图 1.7.2)。

本次实验的内容是：在纯净及含少量杂质的过饱和溶液中培养石盐(NaCl)晶体、

胆矾（$CuSO_4 \cdot 5H_2O$）晶体，在不同过饱和度的溶液中培养明矾［$KAl(SO_4)_2 \cdot 12H_2O$］晶体，观察它们的生长过程和结果，记录在不同条件下生长的同一晶体的几何形态，完成实验报告。晶体的溶解度与温度有关，氯化钠、硫酸铜、明矾的溶解度曲线如图1.7.3所示。

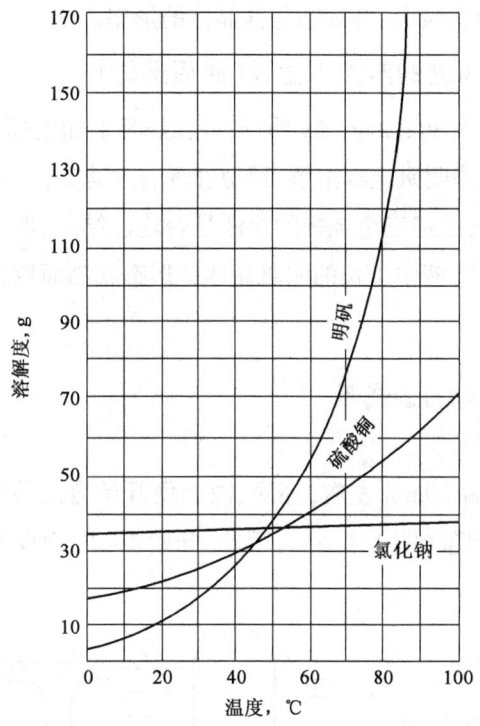

图1.7.3　氯化钠、硫酸铜、明矾溶液溶解度曲线

本实验分小组进行，需要的实验用具和材料有：每组100mL烧杯6个，石盐100g，硼砂5g，无水硫酸铜20g，尼龙线40cm，玻璃滴管6根，载玻片3片。注意：需将材料研磨细，以便于溶解。

（二）实验方法

1. 纯净及含少量杂质条件下石盐晶体的生长

（1）在两个烧杯中分别加入50g石盐，选其中一个烧杯再加入5g硼砂，并在烧杯上加上标签，然后分别加入100mL沸水后，用玻璃棒不断搅拌，待其全部溶解，稍稍静置后过滤到另一个烧杯中。

（2）将配置好的溶液分别滴在载玻片上进行观察。

（3）用尼龙线栓上一小块石盐，将尼龙线的另一头系在玻璃棒上。将晶芽悬挂在烧杯中，如图1.7.4所示。

（4）静置两天左右，观察液面、杯底和悬挂晶体的形态。

2. 胆矾晶体的生长

（1）在烧杯中加入20g无水硫酸铜，然后加入50mL沸

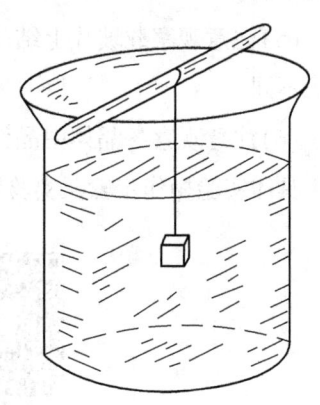

图1.7.4　石盐晶粒悬挂于石盐溶液中

水,慢慢搅拌,配制成硫酸铜的过饱和溶液。

(2)将配置好的溶液滴在载玻片上进行观察。

(3)将胆矾晶芽悬挂在烧杯中。

(4)静置两天左右,观察液面、杯底和悬挂晶体的形态。

3. 明矾在不同过饱和度的溶液中生长(课后选做)

在三个烧杯中依次加入30g、20g、15g明矾,并在烧杯上加上标签,然后分别加入100mL沸水后,用玻璃棒不断搅拌,待明矾全部溶解,稍稍静置后过滤到另一个烧杯中。

待静置两天左右,观察上述三个烧杯的溶液是否均已结晶,取出明矾晶体后(可放在滤纸上),观察在不同过饱和度溶液中生长的明矾晶体的形态和晶面数目有何不同。

4. 注意事项

(1)爱护仪器和药品,勿打破烧杯。

(2)放入晶芽后,要静置。

(3)一般在悬挂晶芽后10min左右,杯底、液面便开始有晶体析出,晶芽慢慢长大,30min之后,晶芽的周围有涡流现象(图1.7.5)。因此,开始1~2h内要勤观察,以后每隔半天观察一次。

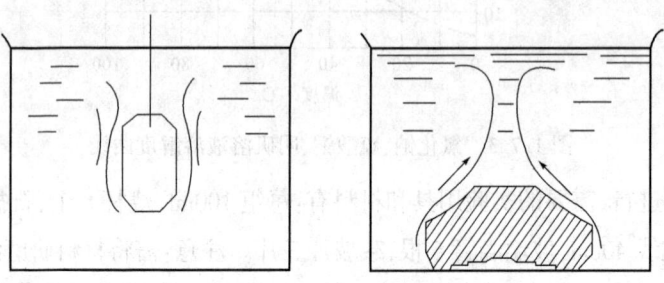

图1.7.5 在不同位置生长的晶体形态和涡流

(4)注意观察杯底结晶的晶体与悬挂晶芽而结晶的晶体在形态、晶面数目及晶面特征上有无不同。

(5)注意观察载玻片上结晶的晶体与烧杯中结晶的晶体在形态、晶面数目及晶面特征上有无不同。

(6)注意观察各晶体中晶面、晶棱是否平直,有无带状构造(环带)或生长锥等现象。

具体实验操作步骤及实验结果见视频1.7.1和视频1.7.2。

视频1.7.1 杂质对晶体生长的影响　　视频1.7.2 晶体的生长实验结果

四、实验报告

(1) 素描胆矾的晶体形态,并与胆矾的理想晶形进行对比(图1.7.6);

(2) 对比加硼酸和未加硼酸条件下石盐晶体的形态,并画出素描图,讨论杂质的存在如何影响晶体的形态。

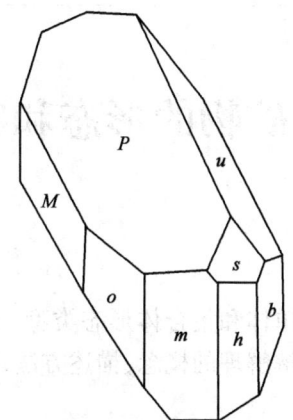

图 1.7.6　胆矾的晶体

$P\{111\}$; $M\{1\bar{1}0\}$; $m\{110\}$; $o\{100\}$;
$b\{010\}$; $h\{120\}$; $s\{121\}$; $u\{021\}$

五、思考题

(1) 晶体的形态受哪些因素的影响?

(2) 为什么晶体生长会出现涡流现象?

(3) 为什么在液面和杯底会优先析出晶体?

第二篇 矿 物 学

实验一 矿物的形态和物理性质

一、课前准备

复习教材相关内容,了解矿物单体和集合体形态类型,了解矿物颜色、条痕色、光泽、透明度的描述方法及相互间的关系,理解解理的概念、描述方法,熟悉矿物的摩氏硬度分级、矿物磁性分级等。

二、目的及要求

(1)掌握矿物中典型的晶体习性和集合体形态特征。
(2)掌握矿物的颜色、条痕色、光泽、透明度的描述方法及其之间的相互关系。
(3)学会解理及断口的识别及描述方法。
(4)学会利用硬度、相对密度、磁性鉴别区分矿物。

三、内容及方法

(一)矿物的形态

矿物的形态是指矿物的单晶体与规则连生体以及同种矿物集合体的形态,主要包括以下内容(图2.1.1),详细可参看视频2.1.1~视频2.1.9。

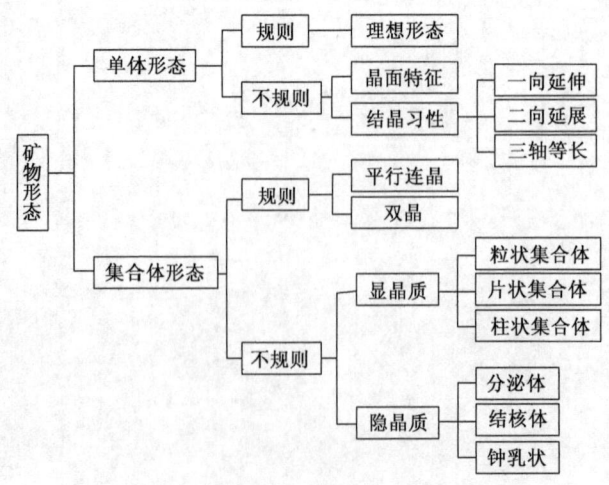

图 2.1.1 矿物的形态

视频2.1.1 矿物单体理想形态

视频2.1.2 晶习——一向延伸

视频2.1.3 晶习——二向延展

视频2.1.4 晶习——三轴等长

视频2.1.5 晶面特征

视频2.1.6 平行连晶

视频2.1.7 双晶

视频2.1.8 晶簇

视频2.1.9 隐晶质及胶态集合体

1. 矿物个体的分辨、结晶习性及显晶集合体形态

1) 个体分辨

要从不同方向来观察个体：

(1) 首先辨认是显晶质集合体还是隐晶质或胶态集合体。

(2) 显晶质集合体中矿物个体之间的界限清楚、易分辨，通常是单体的晶面或单体之间的邻界面。

(3) 个体比较集中，需要仔细观察。若个体间有杂质，即可圈定；晶形较好时，可以看晶面条纹、花纹，它们不能穿过个体之间的界限；矿物解理纹不能穿过个体界限。

2) 结晶习性及显晶集合体形态

(1) 结晶习性：

①一向延伸，主要为针、柱状矿物。例如石英、绿柱石、电气石、阳起石、角闪石等。

②二向延展，主要为片状、板状、板柱状矿物。例如云母、石墨、辉钼矿、重晶石、斜长石等。

③三轴等长，主要为粒状矿物。例如石榴子石、橄榄石、黄铁矿等。

(2) 块状，通常用于两种情况下：

①有些显晶质矿物，用放大镜也难以区分出其个体界限的集合体；

②本身是从矿物个体上敲下来的一块，如方解石。

2. 隐晶质和胶态集合体的识别及特征

隐晶质和胶态集合体不存在个体。由于肉眼无法分辨矿物集合体中的矿物单体的界线，因而集合体的形态以形成方式结合与实物类比来描述。

(1) 结核状：菱铁矿、黄铁矿、褐铁矿；

(2) 肾状：赤铁矿、硬锰矿；

(3) 鲕状：赤铁矿、铝土矿；

(4) 豆状：铝土矿、赤铁矿；

(5) 分泌体：晶腺、玛瑙；

(6) 杏仁状：气孔中沸石、方解石；

(7) 钟乳状：钟乳石；

(8) 葡萄状：硬锰矿、菱锌矿；

(9) 土状：高岭石；

(10) 粉末状：辉铜矿；

(11) 被膜状：蓝铜矿；

(12) 皮壳状：孔雀石、绿松石；

(13) 隐晶块状：铝土矿；

(14) 胶状：蛇纹石。

(二) 矿物的物理性质

矿物的物理性质主要包括矿物的光学性质、矿物的力学性质及矿物的其他性质。矿物的光学性质主要包括矿物的颜色、条痕、透明度、光泽以及发光性。矿物的力学性质主要包括矿物的解理、裂开和断口，矿物的硬度，矿物的弹性与挠性，矿物的脆性与延展性等。矿物的其他物理性质主要包括矿物的密度和相对密度、磁性等。

1. 矿物颜色的描述方法

视频 2.1.10 矿物的颜色

矿物颜色的描述方法主要有以下 3 种(表 2.1.1、视频 2.1.10)：

(1) 标准色谱法，用典型矿物代表，如萤石——紫色，辰砂——红色等。

(2) 二名法，主要色在后面，如黄绿色。

(3) 类比法，如橄榄绿色、柠檬黄色等。

注意：金属矿物一定要用"金属色"类比描述，如铜黄色、铅灰色、锡白色等。

表 2.1.1　矿物的颜色

编号	色别	矿物名称	编号	色别	矿物名称	编号	色别	矿物名称
1	金黄色	金铜矿	8	铜红色	自然铜	15	紫色	萤石
2	铜黄色	黄铜矿	9	蔷薇色	蔷薇辉石	16	铅灰色	方铅矿
3	柠檬黄色	雌黄	10	银白色	水银	17	烟色	方解石
4	土黄色	风化褐铁矿	11	蓝色	蓝铜矿	18	晕色	冰洲石
5	褐色	褐铁矿	12	灰白色	铝土矿	19	铁灰色	磁铁矿
6	橙色	雄黄	13	绿色	孔雀石	20	锈色(假色)	斑铜矿
7	朱红色	辰砂	14	赭色	赤铁矿	21	乳光(蛋白色)	蛋白石

2. 矿物光泽的描述方法

肉眼条件判断光泽应通过反复观察比较各种标准的光泽标本,初步掌握好判断光泽的感性基础。对一些特殊的光泽,应掌握它们出现的条件。倘若矿物较新鲜时,应尽量在晶面上观察,如在断口上观察,描述时应加注明。矿物的光泽类型见表 2.1.2、视频 2.1.11。

视频 2.1.11　矿物的光泽

表 2.1.2　矿物的光泽类型

编号	光泽类型	特　征	矿物名称
1	金属光泽	反射能力强,呈如同经过抛光的平滑金属表面那样的反光	方铅矿、黄铁矿、辉钼矿、黄铜矿、自然金等
2	半金属光泽	反射能力较强,呈如同一般未经过抛光的平滑金属表面那样的反光	黑钨矿、赤铁矿、铬铁矿、磁铁矿等
3	金刚光泽	反射能力稍强而呈金刚石那样灿烂耀眼的反光	金刚石、辰砂、闪锌矿(解理面)、锆石等
4	玻璃光泽	反射能力弱而呈如同玻璃板表面那样的反光	石英、方解石、角闪石、辉石、重晶石等
5	油脂光泽	表面有油脂似的光泽	石英的断口
6	松脂光泽	像树脂表面的光泽	松香石(文石)
7	丝绢光泽	如同蚕丝所反射的那样的光泽,一般出现在浅色矿物的纤维状集合体上	纤维石膏
8	珍珠光泽	如同蚌壳凹面(珍珠层)上那种柔和而多彩的光泽,它是由一系列解理面对光反复产生反射,并相互发生干涉造成的	滑石
9	蜡状光泽	像蜡烛表面的光泽,一般出现在透明矿物的隐晶质或非晶质致密块体上	叶蜡石
10	土状光泽	光泽黯淡或者说无光泽,一般出现在透明矿物的细粒集合体上	高岭土

3. 矿物条痕色的描述方法

矿物的条痕色就是矿物粉末的颜色,即矿物在无釉瓷板上刻划后留下的颜色。条痕色可以消除假色、减弱他色,因而比矿物颗粒颜色更固定,对不透明矿物具有重要鉴定意义。但对于颗粒细小的矿物,其条痕色失真,而条痕色对于硬度大及无色或浅色矿物则没有鉴定意义。

条痕色与颜色的关系如下:

(1)与本身颜色一致——自然金。

(2)与本身颜色不一致——黄铁矿。

(3)随矿物颜色变化而变化——闪锌矿随 Fe 含量降低,条痕色由褐黑色变至淡黄色或黄白色。透明矿物的条痕色都是浅灰色,甚至为白色。

视频 2.1.12 矿物的条痕色

正确测试矿物条痕色的方法如下(视频 2.1.12):

(1)选用尽可能新鲜纯净的矿物来测试其条痕色,条痕板应选用洁净、平整、坚硬的瓷板。

(2)动手刻划条痕时,用力应轻而均匀,切忌过重、过猛,否则得到的将是矿物碎块的颜色,而不是矿物粉末的颜色。

(3)若矿物硬度比条痕板大,则在条痕板上划不出条痕色,可将矿物压碎成粉末再观察(这类矿物多呈玻璃光泽);若为富延展性矿物则在条痕板上划不到粉末(实际上它们的条痕往往与颜色相同);至于弹性片状矿物更不易得到粉末,可用小刀在其表面刻划一下,这样既得到条痕,又测试了硬度。

4. 观察矿物解理的等级、夹角、组数及常见类型

解理,指矿物晶体受到应力作用而超过弹性限度时,沿着一定结晶学方向破裂成一系列光滑平面的固有特性,这些光滑的平面称为解理面(视频 2.1.13)。

视频 2.1.13 矿物的解理

(1)解理的描述方法是:组数+夹角+等级。

(2)解理的识别:在同一个个体上观察,在光线下晃动标本,可见一系列光滑平面反光、闪亮。

(3)解理的分级如下:

①极完全解理——矿物极易形成光滑的解理面,常形成解理片,解理面大而光滑平坦,如云母$\{001\}$。

②完全解理——矿物易形成光滑的解理面,常形成解理块,如方解石$\{10\bar{1}1\}$、萤石$\{111\}$。

③中等解理——其解理面清楚,但不平整、连续,如石膏$\{011\}$。

④不完全解理——其解理面出现困难,如磷灰石$\{0001\}$。

⑤极不完全解理——罕见解理面,如石英$\{10\bar{1}1\}$。

(4)解理面与晶面的区别见表 2.1.3。

表 2.1.3 解理面与晶面的区别

晶 面	解 理 面
为晶体最外面的一层面,受力作用破裂后立即消失	为晶体结构中联结力比较弱的方向上的面,受力作用后可连续出现一系列的平面
晶面一般比较黯淡	解理面一般比较光亮

续表

晶　面	解　理　面
晶面一般不平整,仔细观察可发现其常具凹凸不平的痕迹或晶面花纹	解理面一般比较平整,但可出现规则的阶梯状的解理面或解理纹

5. 断口

断口是指无解理的破裂面,矿物受外力作用后在任意方向破裂并呈各种凹凸不平的断面。矿物的断口类型见表2.1.4,视频2.1.14。

视频2.1.14 矿物的断口类型

表2.1.4 矿物的断口类型

断口类型	特　点	矿物类型
贝壳状断口	呈圆形或椭圆形的光滑曲面,并出现以受力点为中心的不很规则的同心圆状波纹,形似贝壳	水晶、玛瑙
平坦状断口	断面较平坦,见于块状矿物	块状高岭石
锯齿状断口	呈尖锐锯齿状,见于强延展性的自然金属元素矿物	自然铜、自然金
参差状断口	断面呈参差不平状,大多数脆性矿物以及块状或粒状的集合体具此种断口	磷灰石、石榴子石
纤维状断口	断面呈纤维丝状,见于纤维状矿物集合体上	石棉
土状断口	断面粗糙,呈细粉状,为土状矿物特有	高岭石

6. 裂开

裂开是晶体在受应力作用时,有时沿晶格中除解理以外的特定方向面网发生破裂的非固有特性。裂理可沿机械双晶面或出溶页片面破裂而形成,如磁铁矿{111}方向的裂理。裂开只在同一种矿物的某些矿物个体上存在,不是矿物种的内在固有性质。

7. 硬度

硬度是指矿物抵抗刻划的能力。

摩氏硬度计是按不同材料进行区别硬度的,一共分为10级:1——滑石;2——石膏;3——方解石;4——萤石;5——磷灰石;6——正长石;7——石英;8——黄玉;9——刚玉;10——金刚石。其他常用材料为:指甲——2.5;铜丝——3~4;小刀、钢针——5.5;玻璃——6;条痕板——6.5。

测定矿物的硬度时需注意(视频2.1.15):

(1)要在个体新鲜面上刻划(风化面或隐晶、胶态集合体不能测硬度);

(2)要区别刻痕和粉痕(低硬度矿物的粉末条痕可擦去);

(3)对脆性或薄片状矿物刻划时用力要轻、缓、均匀;

视频2.1.15 矿物的硬度测定

(4)注意矿物硬度的异向性;

(5)硬度高于小刀时,刻划后会出现一条亮痕,应该是小刀留下的金属粉末。

8. 相对密度

相对密度是指纯净的单矿物在空气中的质量与同体积的4℃的纯水质量之比,划分如下:

(1)重——相对密度大于4,如重晶石、黄铁矿、石榴子石等;

(2)中等——相对密度为2.5~4,如石英、长石、方解石等多数矿物;

(3)轻——相对密度小于2.5,如自然硫、石膏、滑石等。

实验主要采用手估法,注意手估时标本中矿物种类要单一、体积要相近。

9. 磁性

磁性是指在外磁场作用下,矿物被磁化时所表现的性质,包括矿物被外磁场吸引、排斥以及被磁化的矿物对外界产生磁场等。在一般情况下,矿物受磁场排斥的力量非常微弱,被外磁场吸引更为明显,容易被观测到。

肉眼鉴定矿物时,粗略将其磁性分三级:

(1)强磁性——表现为矿物粉末能被永久磁铁吸起,如磁铁矿。

(2)弱磁性——表现为矿物粉末能被永久磁铁吸引,但是不能跃至磁铁上,如铬铁矿。

(3)无磁性——表现为矿物粉末不能被永久磁铁吸引,如黄铁矿。

四、实验报告

按形态、光学性质、力学性质的顺序描述所给的矿物标本。

五、思考题

(1)什么是结晶习性?有几种类型?

(2)鲕状集合体中的鲕粒能描述为球状个体吗?为什么?

(3)根据一解理块的形状,能描述出其个体形态特点吗?

(4)矿物的化学成分、晶体结构和形成条件对其形态有何影响?

(5)矿物的颜色、条痕色、光泽及透明度之间有何关系?

(6)为什么矿物的条痕色比其颜色稳定?

(7)何为解理及解理面?如何区分晶面与解理面?

(8)什么叫断口和裂理?解理和裂开有何异同?

实验二 岛状和环状结构硅酸盐亚类常见矿物

一、课前准备

复习教材相关内容,了解岛状和环状结构硅酸盐亚类矿物的主要特征。

二、目的及要求

(1)掌握岛状结构硅酸盐类矿物的形态、物性特征与晶体化学特征间的关系。
(2)掌握各亚类常见矿物的主要鉴定特征及其与相似矿物的区别。

三、内容及方法

(一)认识主要矿物

1. 岛状结构硅酸盐亚类矿物

岛状结构硅酸盐矿物结构比较紧密,结构类型多样,可根据晶体结构和阳离子性质进一步划分出锆石族、橄榄石族、石榴子石族、红柱石族、黄玉族、十字石族、榍石族以及绿帘石族等,常见矿物见表2.2.1。

表2.2.1 岛状结构硅酸盐亚类常见矿物

亚类	族	种	化学式	晶系	视频2.2.1
岛状结构硅酸盐	锆石族	锆石	$Zr[SiO_4]$	四方	
	橄榄石族	橄榄石	$(Mg,Fe)[SiO_4]$	斜方	
	石榴子石族	石榴子石	$A_3^{2+}B_2^{3+}[SiO_4]_3$	等轴	

续表

亚类	族	种	化学式	晶系	视频 2.2.1
岛状结构硅酸盐	红柱石族	红柱石	$Al^{VI} Al^{V} [SiO_4] O$	斜方	
		蓝晶石	$Al^{VI} Al^{VI} [SiO_4] O$	三斜	
	黄玉族	黄玉	$Al_2 [SiO_4] (F, OH)_2$	斜方	
	十字石族	十字石	$FeAl_4 [SiO_4]_2 O_2 (OH)_2$	斜方	
	榍石族	榍石	$CaTi[SiO_4]O$	单斜	
	绿帘石族	绿帘石	$Ca_2 Fe^{3+} Al_2 [Si_2 O_7] [SiO_4] O(OH)$	单斜	
		符山石	$Ca_{10}(Mg, Fe)_2 Al_4 [SiO_4]_5 [Si_2 O_7]_2 (OH, F)_4$	四方	

2. 环状结构硅酸盐亚类矿物

环状结构硅酸盐亚类代表性矿物主要有绿柱石、堇青石和电气石(表2.2.2)。

表2.2.2 环状结构硅酸盐亚类常见矿物

亚类	族	种	化学式	晶系	视频2.2.2
环状结构硅酸盐	绿柱石族	绿柱石	$Be_3Al_2[Si_6O_{18}]$	六方	
		堇青石	$(Mg,Fe)_2Al_3[AlSi_5O_{18}]$	斜方	
	电气石族	电气石	$Na(Mg,Fe,Mn,Li,Al)_3Al_6[Si_6O_{18}][BO_3]_3(OH,F)_4$	三方	

(二)掌握岛状及环状结构硅酸盐亚类矿物的形态及物性特征

(1)岛状结构硅酸盐矿物形态一般多为粒状或致密块状集合体,当有附加阴离子(如黄玉、绿帘石)或$[AlO_6]$时也呈柱状、针状等(如红柱石);环状结构硅酸盐矿物则多为柱状。

(2)颜色浅、鲜艳,玻璃光泽,透明。

(3)解理不发育,但有$[AlO_6]$或附加阴离子出现时可见有完全或解理(如黄玉)或中等解理(如红柱石)。

(4)硬度较大,一般大于小刀。

(5)成因产状相似——主要为岩浆成因和变质成因。

(6)宝石级矿物较多:绿柱石——祖母绿、海蓝宝石;电气石——碧玺;黄玉——托帕石、黄晶;锆石——水钻、风信子石;橄榄石——太阳宝石、黄昏祖母绿;石榴子石——紫牙乌。

(三)仔细观察,注意区别相似矿物

1. 锆石—榍石

锆石:柱状、锥状;金刚光泽;无解理;相对密度4.7;硬度7.5。

榍石:横断面为菱形的扁平信封状;玻璃光泽;2组中等解理;相对密度3.29~3.56;硬度5。

2. 块状黄玉—块状石英

块状黄玉：一组完全解理；相对密度 3.5~3.75；硬度 8。

块状石英：无解理，贝壳状断口，断口油脂光泽；相对密度 2.65；硬度 7。

3. 橄榄石—绿帘石—绿柱石

橄榄石：解理平行于{010}中等，但断口呈贝壳状；特征的橄榄绿色；粒状集合体；相对密度 3.27~4.27；硬度 6.5~7。

绿帘石：解理平行于{001}完全；相对密度 3.38~3.49；硬度 6。

绿柱石：不完全解理；柱状晶形；相对密度 2.6~2.9；硬度 7~7.5。

4. 绿柱石—黄玉—浅色电气石

绿柱石：六方柱状，柱面有纵纹，有{0001}不完全解理。

黄玉：斜方柱状，柱面有纵纹，有{001}完全解理。

浅色电气石：横截面呈球面三角形，柱面有纵纹，无解理。

四、实验报告

按形态、光学性质、力学性质的顺序描述下列矿物：

锆石、橄榄石、石榴子石、红柱石、蓝晶石、榍石、十字石、黄玉、绿帘石、绿柱石、电气石

五、思考题

(1) 简述岛状结构硅酸盐矿物的形态及物理性质。

(2) 某些岛状结构硅酸盐矿物为何出现柱状或板状形态及产生解理？

(3) 橄榄石的鉴定特征是什么？成分中 Mg 与 Fe 之间有什么关系？随着 Fe 含量增加，橄榄石的颜色、光泽、硬度、相对密度发生何种变化？

(4) 石榴子石族矿物分为哪几个系列？各个系列分别包括哪些矿物？有哪些主要鉴定特征？

(5) 对比蓝晶石和红柱石矿物的异同点。

(6) 绿柱石、橄榄石、黄玉、电气石的晶形和断面有何特点？

实验三　链状结构硅酸盐亚类常见矿物

一、课前准备

复习教材相关内容,了解链状结构硅酸盐亚类矿物的主要特征。

二、目的及要求

(1)掌握链状结构硅酸盐亚类矿物的形态、物性特征与晶体化学特征间的关系。
(2)掌握链状结构硅酸盐亚类常见矿物的主要鉴定特征及其与相似矿物的区别。
(3)掌握辉石族和角闪石族矿物的异同点。

三、内容及方法

(一)认识主要矿物

链状结构硅酸盐亚类包括具单链硅氧骨干的辉石族、硅灰石族和具双链硅氧骨干的角闪石族、夕线石族矿物,常见矿物见表2.3.1。

表 2.3.1　链状结构硅酸盐亚类常见矿物

亚类	族	种	化学式	晶系	视频2.3.1
单链结构硅酸盐	辉石族	普通辉石	$Ca(Mg,Fe^{2+},Fe^{3+},Ti,Al)[(Si,Al)_2O_6]$	单斜	
		透辉石	$CaMg[Si_2O_6]$	单斜	
		霓石	$NaFe[Si_2O_6]$	单斜	

续表

亚类	族	种	化学式	晶系	视频 2.3.1
单链结构硅酸盐	辉石族	硬玉	$NaAl[Si_2O_6]$	单斜	
	硅灰石族	硅灰石	$Ca_3[Si_3O_9]$	三斜	
双链结构硅酸盐	角闪石族	普通角闪石	$Ca_2 Na(Mg,Fe^{2+})_4(Al,Fe^{3+})[(Si,Al)_4O_{11}]_2(OH)_2$	单斜	
		透闪石	$Ca_2 Mg_5[Si_4O_{11}]_2(OH)_2$	单斜	
		阳起石	$Ca_2(Mg,Fe^{2+})_5[Si_4O_{11}]_2(OH)_2$	单斜	
		蓝闪石	$Na_2 Mg_3 Al_2[Si_4O_{11}]_2(OH)_2$	单斜	
	夕线石族	夕线石	$Al^{VI}[Al^{IV}SiO_4]O$	斜方	

(二)掌握链状结构硅酸盐亚类矿物的形态及物性特征

(1)均为玻璃光泽。

(2)硬度基本都接近于小刀(5~6)。

(3)形态多为柱状或板柱状,集合体一般为放射状。

(4)两组中等—完全解理(硅灰石为三组解理)。

(5)成因产状相似——主要为岩浆成因和变质成因。

(6)宝石级矿物:硬玉(翡翠)、阳起石(软玉)、锂辉石等。

(三)仔细观察,注意区别相似矿物(普通辉石—普通角闪石)

1. 相似处

(1)主要化学成分相近,辉石族骨干$[Si_2O_6]^{4-}$,角闪石族骨干$[Si_4O_{11}]^{6-}$,团外阳离子主要是Ca^{2+}、Mg^{2+}、Fe^{2+}、Na^+、Fe^{3+}、Al^{3+}。

(2)形态大多数为单斜晶系,其次为斜方晶系,均呈柱状。

(3)除各别者外,主要因含Fe而呈深浅不同的绿色,有时具棕色或褐色,玻璃光泽。具$\{110\}$完全解理,中等相对密度(一般为3左右),硬度一般为5~6,少数硬度稍大。

2. 差异处

角闪石与辉石(图2.3.1)的主要区别如下:

(1)角闪石一般为长柱状、针状,甚至纤维状,辉石多呈短柱状。

(2)解理夹角不同,辉石为87°/93°,角闪石为56°/124°。

(3)辉石横断面为假正方形,角闪石为假六方形。

(4)辉石族不含附加阴离子,角闪石族含有$(OH)^-$。

(5)成因不同:辉石族形成于温度、压力较高的环境下,产于基性—超基性岩浆岩和深变质岩中;角闪石族形成于富含挥发分的条件下,产于中性—酸性岩浆岩和中级变质岩中。

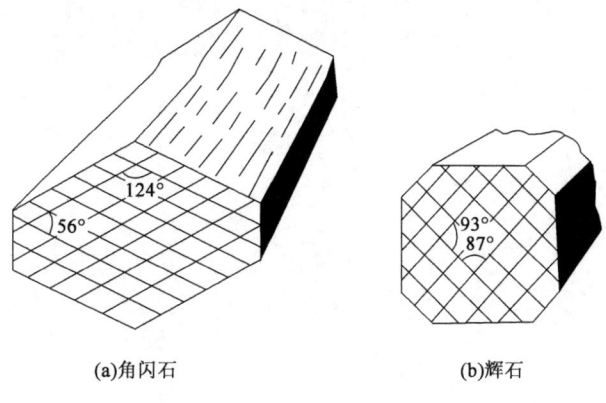

图2.3.1 角闪石与辉石的主要区别

四、实验报告

按形态、光学性质、力学性质的顺序描述下列矿物：

普通辉石、透辉石、硅灰石、普通角闪石、透闪石、阳起石、蓝闪石

五、思考题

(1)简述辉石族矿物与角闪石族矿物在物质成分、结构、形态及物性等方面的异同。

(2)绘图说明在辉石族矿物与角闪石族矿物的晶体结构中，链间有几种空隙类型、如何分布，空隙由哪些阳离子占据，解理产生方向及夹角。

实验四　层状和架状结构硅酸盐亚类常见矿物

一、课前准备

复习教材相关内容,了解层状和架状结构硅酸盐亚类矿物的主要特征。

二、目的及要求

(1)掌握层状结构硅酸盐亚类矿物的形态、物性特征与晶体化学特征间的关系。
(2)掌握架状结构硅酸盐亚类矿物的形态、物性特征与晶体化学特征间的关系。
(3)掌握各类常见矿物的主要鉴定特征及其与相似矿物的区别。

三、内容及方法

(一)认识主要矿物

1. 层状结构硅酸盐亚类矿物

根据结构单元层类型,层状结构硅酸盐亚类矿物可进一步划分为蛇纹石—高岭石族(TO型)、滑石—叶蜡石族(TOT 型)、云母族(A·TOT 型)、绿泥石族(O·TOT 型)以及蛭石族、蒙皂石族(复杂型),常见矿物见表 2.4.1。

表 2.4.1　层状结构硅酸盐亚类常见矿物

亚类	族	种	化学式	晶系	视频 2.4.1
层状结构硅酸盐	高岭石族	高岭石	$Al_4[Si_4O_{10}](OH)_8$	三斜晶系	
	蛇纹石族	蛇纹石	$Mg_6[Si_4O_{10}](OH)_8$	单斜	

续表

亚类	族	种	化学式	晶系	视频 2.4.1
层状结构硅酸盐	云母族	黑云母	$K(Mg,Fe)_3[Si_3AlO_{10}](OH)_2$	单斜	
		白云母	$KAl_2[Si_3AlO_{10}](OH)_2$	单斜	
	滑石—叶蜡石族	滑石	$Mg_3[Si_4O_{10}](OH)_2$	单斜	
		叶蜡石	$Al_2[Si_4O_{10}](OH)_2$	三斜或单斜晶系	
	绿泥石族	绿泥石	$(Mg,Al,Fe)_6[(Si,Al)_4O_{10}](OH)_8$	单斜	
	蒙皂石族	蒙脱石	$E_x(H_2O)_4\{(Al_{2-x},Mg_x)_3[(Si,Al)_4O_{10}](OH)_2\}$	单斜	
	蛭石族	蛭石	$(Mg,Ca,Na,K,Rb,Cs,Li,Ba)_{0.3\sim0.45}(H_2O)_n\{(Mg,Fe,Al)_3[(Si,Al)_4O_{10}](OH)_2\}$	单斜	

2. 架状结构硅酸盐亚类矿物

按阳离子可将长石族分为两个亚族:碱性长石亚族(钾钠长石亚族)和斜长石亚族(表 2.4.2)。

表 2.4.2 架状结构硅酸盐亚类常见矿物

亚类	族	亚族	种	化学式	晶系	视频 2.4.2
架状结构硅酸盐	长石族	碱性长石亚族	正长石	$K[AlSi_3O_8]$	单斜	
			微斜长石	$K[AlSi_3O_8]$	三斜	
		斜长石亚族	斜长石	$Na[AlSi_3O_8]$—$Ca[Al_2Si_2O_8]$	三斜	

碱性长石(钾钠长石)亚族——$K[AlSi_3O_8]$端员区有三个同质多象变体(透长石,单斜晶系;正长石,单斜晶系;微斜长石,三斜晶系)。

斜长石($Na[AlSi_3O_8]$—$Ca[Al_2Si_2O_8]$,三斜晶系)亚族是钠长石(Ab)和钙长石(An)两种组分形成的类质同象系列。根据钙长石(An)的含量,划分为 6 个矿物种:钠长石、奥(更)长石、中长石、拉长石、培长石、钙长石。

(二)掌握层状结构硅酸盐矿物的形态及物性特征

(1)形态:多为片状,也有板状或短柱状。

(2)光学性质:颜色浅(随着 Fe 含量增高,颜色加深);玻璃光泽;解理面珍珠光泽;透明。

(3)力学性质:硬度小(1~3),结构层之间具离子键者(如云母)为 2.5~3,具分子键、氢键者(如滑石、绿泥石)为 1~2;相对密度较小(2.5~3),含层间水时更低;平行于结构层产生一组{001}完全或极完全解理;具有弹性(层间为离子键者,如云母)或挠性(层间为分子键或氢键者,如滑石、蛭石)。

(4)黏土级矿物具可塑性,如高岭石;部分矿物含层间水,则加热或加水时具有膨胀性;主要黏土矿物鉴定特征见表 2.4.3。

表 2.4.3　主要黏土矿物鉴定特征

矿物名称	高岭石	蒙脱石	埃洛石	水云母
膨胀性能	有粗糙感,可手捏成粉(以舌触之,黏舌),干燥时吸水,掺水后具可塑性	遇水急速膨胀,水多时可变成糊	遇水后崩裂成碎块,失水后不重新吸水,性脆	膨胀不显著
盐酸联苯胺溶液染色	不染色	深蓝色、蓝色	不染色	污蓝或灰蓝色
电子显微镜（形貌特征）	六方片状、六边叠层状、长条板状、书册状和手风琴状	花絮状、花瓣状、蜂窝状	空心管状、卷曲的片状	不规则片状及边界轮廓较圆滑的板条状;集合体呈花瓣状、书签状

（三）仔细观察,注意区别相似矿物（黑云母—蛭石）

黑云母：以黑色、深褐色为主；玻璃光泽；解理面珍珠光泽；透明。硬度为 2~3；相对密度较小（2.7~3.1）；具 {001} 极完全解理；解理片具有弹性。

蛭石：多为褐色、黄褐色、金黄色、青铜黄色或微带绿色；其光泽较黑云母弱,常呈油脂光泽或珍珠光泽；透明。硬度为 1~1.5；相对密度较小（2.4~2.7）；具 {001} 完全解理。解理片具挠性。灼烧体积膨胀 15~40 倍并弯曲如水蛭,相对密度减小到 0.6~0.9。

（四）掌握长石族矿物的形态及物性特征

（1）形态：短柱状、厚板状,双晶发育（卡氏双晶、聚片双晶、格子双晶等）。

（2）光学性质：颜色常见为白色、灰色、肉红色等,玻璃光泽,透明。

（3）力学性质及其他性质：发育有两组 {010} 和 {001} 完全解理,其夹角为 90°（正长石）、89°40′（微斜长石）或 86°（斜长石）,前者为单斜晶系,后者为三斜晶系。硬度一般为 6~6.5。相对密度一般为 2.5~2.7。

（五）仔细观察,注意区别相似矿物（正长石—斜长石）

肉眼鉴别正长石和斜长石是比较困难的,然而根据它们的晶形、双晶、颜色、解理和共生矿物等也可初步鉴定。最后确定矿物种需借助于显微镜观察,也可通过染色法加以区别（表 2.4.4）。

表 2.4.4　正长石与斜长石主要区别

主要区别	正长石	斜长石
形态	短柱状,卡氏双晶常见	常呈板柱状,聚片双晶常见
颜色	肉红色为主(含K),次为灰白色	白色、灰色为主,肉红色偶见
解理	两组解理直交（90°）	两组解理近直交（86°）
共生矿物	常与石英、黑云母共生,产于浅色岩中	常与普通辉石、橄榄石共生,产于深色岩中
染色实验	经氢氟酸+亚硝酸钴钠染色呈柠檬黄色,经 $BaCl_2$+玫瑰红酸钠染色不变色	经氢氟酸+亚硝酸钴钠染色不变色,经 $BaCl_2$+玫瑰红酸钠染色呈红色

正长石和斜长石的染色鉴别法如下：

(1)首先，在矿物颗粒表面或磨光面上涂以氢氟酸，片刻(十几秒至数十秒)后，以水冲洗干净，然后用亚硝酸钴钠溶液涂在表面上，1min后再以水洗净。正长石被染成明显的黄色，斜长石则不染色。

(2)如果进一步做斜长石染色，则可用上述已染过色的斜长石标本，以水冲洗表面，然后滴以1%的$BaCl_2$溶液，再滴数滴蒸馏水或用其他软水冲洗其表面1~2次；再滴上玫瑰红酸钠溶液，等1~2min后，斜长石即被染成红色，但此时正长石仍然不变。

(3)其原理是经氢氟酸腐蚀活化后，正长石中的钾，与亚硝酸钴钠反应形成黄色的亚硝酸钴钾沉淀，而斜长石中一般仅含微量的钾，所以基本不染色。

(4)斜长石中的钙能被$BaCl_2$中的钡置换，使斜长石表面含有钡，而钡又与玫瑰红酸钠反应形成红色的玫瑰红酸钡。斜长石中的钠端员矿物(钠长石)则不染色，但只要斜长石中含有3%以上的钙长石分子，一般都能染上红色。所以，此染色对斜长石仍然是普遍有效的。

特别需要注意钾长石和不同类型斜长石、石英及其他造岩矿物的共生与产状关系。

四、实验报告

按形态、光学性质、力学性质的顺序描述下列矿物：

高岭石、蛇纹石、黑云母、白云母、滑石、叶蜡石、蒙脱石、绿泥石、正长石、微斜长石、斜长石

五、思考题

(1)简述层状结构硅酸盐矿物主要结构类型和特点(层型、层间充填物、层间键性等)。
(2)简述层状结构硅酸盐矿物的形态及物理性质。
(3)蒙脱石和高岭石的形态、物性和产状有何特点？这些矿物用什么方法才能够精确鉴定？
(4)碱性长石亚族和斜长石亚族主要包括哪些矿物种？
(5)什么叫条纹长石和反条纹长石？
(6)简述长石族矿物的形态及物性特征。

实验五 碳酸盐、硫酸盐及其他含氧盐常见矿物

一、课前准备

复习教材相关内容,了解碳酸盐、硫酸盐及其他含氧盐矿物的主要特征。

二、目的及要求

(1)认识常见的碳酸盐、硫酸盐和磷酸盐等含氧盐大类矿物。
(2)熟悉各类矿物的物理性质,掌握各类矿物的肉眼鉴定方法。
(3)了解各类矿物的成因及产状,熟悉相似矿物之间的主要区别。
(4)掌握矿物的晶体化学式的书写。

三、内容及方法

(一)认识主要矿物

1. 碳酸盐类矿物

碳酸盐矿物是指金属阳离子与$[CO_3]^{2-}$相结合形成的含氧盐矿物,根据其晶体结构和阳离子性质可进一步划分为方解石族、文石族、孔雀石族等,其常见矿物见表2.5.1。

表 2.5.1 碳酸盐、硫酸盐、磷酸盐类常见矿物

类	族	种	化学式	晶系	视频2.5.1
碳酸盐类	方解石族	方解石	$Ca[CO_3]$	三方	
		白云石	$CaMg[CO_3]_2$	三方	

续表

类	族	种	化学式	晶系	视频 2.5.1
碳酸盐类	方解石族	菱镁矿	$Mg[CO_3]$	三方	
		菱铁矿	$Fe[CO_3]$	三方	
	文石族	文石	$Ca[CO_3]$	斜方	
	孔雀石族	孔雀石	$Cu_2[CO_3](OH)_2$	单斜	
		蓝铜矿	$Cu_3[CO_3]_2(OH)_2$	单斜	
硫酸盐类	重晶石族	重晶石	$Ba[SO_4]$	斜方	
	石膏—硬石膏族	石膏	$Ca[SO_4]\cdot 2H_2O$	单斜	

类	族	种	化学式	晶系	视频 2.5.1
硫酸盐类	石膏—硬石膏族	硬石膏	$Ca[SO_4]$	斜方	
磷酸盐类	磷灰石族	磷灰石	$Ca_5[PO_4]_3(F,OH)$	六方	
	独居石族	独居石	$(Ce,La)[PO_4]$	单斜	
	绿松石族	绿松石	$Cu(Al,Fe)_6[PO_4]_4(OH)_8 \cdot 4H_2O$	三斜	

2. 硫酸盐类矿物

硫酸盐矿物是指$[SO_4]^{2-}$与金属阳离子相结合形成的矿物,常见矿物有重晶石、石膏以及硬石膏等(表2.5.1)。

3. 磷酸盐类矿物

磷酸盐矿物是指$[PO_4]^{3-}$与金属阳离子相结合形成的矿物,常见矿物有磷灰石、独居石、绿松石等(表2.5.1)。

(二)掌握碳酸盐类矿物的形态及物性特征

(1)形态:多种多样,如块状、板状、粒状、柱状、放射状、纤维状等以及胶态集合体的钟乳状等。一般方解石族矿物常呈粒状或钟乳状,而文石族矿物常呈柱状,孔雀石族矿物则多为胶体集合体。

(2)光学性质:无色或浅色,含 Cu 的矿物呈鲜绿色或鲜蓝色(孔雀石或蓝铜矿),含 Mn 为玫瑰红色;含 REE 或 Fe 为褐色;条痕浅或无色,玻璃光泽,透明。

(3)力学性质:方解石族矿物有菱面体$\{10\bar{1}1\}$三组完全解理,文石具平行$\{010\}$的一组不完全或中等解理,贝壳状断口;硬度小于小刀;相对密度随原子序数的增大而增大,一般为 2.5~3,含 Cu 为时 3.7~4,含 Ba、Pb 时大于 4。

(4)本类矿物具有不同的溶解度,某些碱金属的碳酸盐矿物可溶解在水中。所有碳酸盐矿物在遇到盐酸或硝酸时或多或少都有起泡现象,其气泡的剧烈程度(反应的难易程度)是区分碳酸盐矿物的标志(表 2.5.2)。

表 2.5.2 方解石、白云石、菱镁矿的区别

方解石 $Ca[CO_3]$	白云石 $CaMg[CO_3]_2$	菱镁矿 $Mg[CO_3]$
矿块加冷盐酸时剧烈起泡	矿粉加冷盐酸时冒泡	矿粉加冷盐酸不冒泡,加热盐酸才冒泡
矿粒在镁试剂中不染色	矿粒在镁试剂中可染成蓝色	同白云石
双晶常见	双晶少见	双晶不见
	晶面及解理面常弯曲为马鞍状	

碳酸盐矿物与 HCl 反应的区别为:

(1)方解石、文石:加稀、冷盐酸(5%)——剧烈起泡。

(2)菱镁矿(粉末):加稀、冷盐酸(5%)——缓慢起泡或不起泡;加稀、热盐酸(5%)——剧烈起泡。

(3)菱铁矿:加稀、热盐酸(5%)——起泡,并产生黄绿色 $FeCl_3$ 沉淀。

(4)菱锰矿:加稀、热盐酸(5%)——起泡,并产生黑色氧化膜。

(5)菱锌矿:加稀、冷盐酸(5%)——起泡,但相对密度大,硬度大,多为胶体矿物。

(6)白云石:加稀、冷盐酸(5%)——微弱起泡;加稀、热盐酸(5%)——剧烈起泡,以此区别与方解石和菱镁矿。

(三)仔细观察,注意区别相似矿物

1. 方解石—石膏—重晶石

方解石:硬度为 3;解理平行 $\{10\overline{1}1\}$ 完全;相对密度为 2.6~2.9;遇冷、稀 HCl 即剧烈发生气泡。

石膏:硬度为 1.5~2;解理平行 $\{010\}$ 极完全,平行 $\{100\}$ 和 $\{011\}$ 中等;相对密度为 2.30~2.37。

重晶石:硬度为 3.0~3.5;解理平行 $\{001\}$ 和 $\{210\}$ 完全,平行 $\{010\}$ 中等;相对密度为 4.3~4.5。

2. 绿柱石—磷灰石

绿柱石:硬度为 7.5~8;相对密度为 2.6~2.9。

磷灰石:硬度为 5;参差状或贝壳状断口;相对密度为 3.18~3.21;加热后出现磷光。

3. 石膏—硬石膏

石膏发育平行{010}的一组极完全解理,形态上呈片状或板状。

硬石膏发育平行{100}和{010}的完全解理及平行{001}的中等解理,三组解理面相互垂直,可裂成火柴盒状的块体,由此可与石膏区别。

四、实验报告

按形态、光学性质、力学性质的顺序描述下列矿物:

方解石、白云石、菱镁矿、文石、孔雀石、蓝铜矿、石膏、重晶石、磷灰石

五、思考题

(1)分别简述碳酸盐及硫酸盐矿物的形态及物理性质。

(2)方解石族包括哪些矿物种?

(3)如何区别方解石与白云石?

(4)举例说明硫酸盐矿物中阳离子与SO_4^{2-}结合有哪几种情况?

(5)石膏和硬石膏在形态及解理特征上存在明显差异的主要原因是什么?

(6)方解石和文石在形态及物性特征上存在明显差异的主要原因是什么?

实验六 硫化物和自然元素大类常见矿物

一、课前准备

复习教材相关内容,了解硫化物和自然元素大类矿物的主要特征。

二、目的及要求

(1)认识常见的自然元素和硫化物大类矿物。
(2)熟悉各类矿物的物理性质,掌握各类矿物的肉眼鉴定方法。
(3)了解各类矿物的成因及产状,熟悉相似矿物之间的主要区别。
(4)掌握矿物晶体化学式的书写。

三、内容及方法

(一)认识主要矿物

1. 自然元素大类

本大类矿物可进一步划分为自然金属、自然非金属和自然半金属矿物 3 类,常见矿物见表 2.6.1。

表 2.6.1 自然元素大类常见矿物

类	族	种	化学式	晶系	视频 2.6.1
自然金属元素类	自然铜族	自然金	Au	等轴	
		自然银	Ag	等轴	
		自然铜	Cu	等轴	

续表

类	族	种	化学式	晶系	视频 2.6.1
自然非金属元素类	自然硫族	自然硫	S	斜方	
	金刚石族	金刚石	C	等轴	
自然半金属元素类	石墨族	石墨	C	六方	
	自然铋族	自然铋	Bi	三方	

2. 硫化物及其类似化合物大类

本大类矿物按阴离子或络阴离子的类型不同相应地分为简单硫化物、复硫化物和硫盐 3 类,常见矿物见表 2.6.2。

表 2.6.2 硫化物及其类似化合物大类常见矿物

类	族	种	化学式	晶系	视频 2.6.2
简单硫化物类	方铅矿族	方铅矿	PbS	等轴	
	闪锌矿族	闪锌矿	ZnS	等轴	

续表

类	族	种	化学式	晶系	视频 2.6.2
简单硫化物类	黄铜矿族	黄铜矿	$CuFeS_2$	四方	
	磁黄铁矿族	磁黄铁矿	$Fe_{1-x}^{2+}S$	六方	
	辰砂族	辰砂	HgS	三方	
	辉锑矿族	辉锑矿	Sb_2S_3	斜方	
	雌黄族	雌黄	As_2S_3	单斜	
	雄黄族	雄黄	As_4S_4	单斜	
	辉钼矿族	辉钼矿	MoS_2	六方	

续表

类	族	种	化学式	晶系	视频 2.6.2
简单硫化物类	斑铜矿族	斑铜矿	Cu_5FeS_4	等轴	
	辉铜矿族	辉铜矿	Cu_2S	斜方	
复硫化物类	黄铁矿—白铁矿族	黄铁矿	FeS_2	等轴	
	辉砷钴矿—毒砂族	毒砂	$FeAsS$	单斜	
硫盐类	黝铜矿族	黝铜矿	$Cu_{10}^+Cu_2^{2+}[SbS_3]_4S$	等轴	

(二)掌握硫化物及其类似化合物矿物的形态及物性特征

(1)形态:简单硫化物,组分简单,对称程度一般较高,多为等轴或六方晶系,少数为斜方或单斜晶系;组分复杂的硫盐主要为斜方或者单斜晶系。大多数硫化物的晶形较好,特别是复硫化物更常见完好晶体;硫盐主要呈粒状或者块状集合体。

(2)光学性质:具明显金属键的硫化物(方铅矿、黄铜矿等)呈金属色,条痕为深色,金属光泽,不透明;具明显共价键的矿物(闪锌矿、辰砂等)呈鲜艳彩色,条痕为浅色或彩色,金刚光泽,半透明。

(3)力学性质:简单硫化物解理发育,复硫化物解理不完全或无解理;简单硫化物硬度较低,一般为 2~4,层状结构者(辉钼矿、雌黄等)为 1~2;复硫化物具较高的硬度,一般为 5~6.5,个别达 7~8。

(4)本大类矿物相对密度一般大于4,熔点低。具明显金属键的硫化物具强导电性和导热性;具明显共价键的矿物为电和热的不良导体。

(三)掌握自然元素矿物的形态及物性特征

(1)形态:自然元素矿物相当于等大质点最紧密堆积,对称程度较高;形态上具等轴粒状或六方板状,但通常没有完好的晶形。

(2)物理性质:金属元素矿物呈金属色(金黄、铜红、银白、锡白、铁黑等),金属光泽,不透明,解理不发育,硬度低,具延展性,相对密度大(相对原子质量大),是热和电的良导体;半金属元素矿物随着金属性的强弱变化,相应的光泽、延展性及导电性均有变化;不同非金属矿物物性变化大。

(四)仔细观察,注意区别相似矿物

1. 黄铜矿—黄铁矿

黄铜矿:铜黄色,条痕为绿黑色,硬度小于小刀,晶形少见,一般为块状集合体。

黄铁矿:浅铜黄色,条痕为黑色,硬度大于小刀,晶形常见且完好,一般为粒状、浸染状或块状集合体。

2. 方铅矿—闪锌矿

方铅矿:晶形为立方体或立方体+八面体,集合体为粒状或致密块状。铅灰色;条痕为黑色;强金属光泽;不透明。硬度为2.5;解理平行于{100}完全;相对密度为7.4~7.6。

闪锌矿:通常为粒状、致密块状集合体,物理性质随Fe含量的变化而变化。随着Fe含量增大,颜色为浅褐色—褐色—黑色;条痕为淡黄色—浅褐色—褐色;半透明—不透明;金刚光泽—半金属光泽;平行于{110}完全解理;硬度增大(3.5~4);相对密度下降(3.9~4.2)。

3. 方铅矿—辉锑矿

方铅矿:晶形为立方体或立方体+八面体,集合体为粒状或致密块状。铅灰色;条痕为黑色;强金属光泽;不透明。硬度为2.5;解理平行于{100}完全;相对密度为7.4~7.6。

辉锑矿:单晶呈柱状或针状,柱面具纵纹,晶体常弯曲;集合体呈放射状或晶簇。铅灰色或钢灰色、暗蓝锖色;黑色条痕;金属光泽;不透明。平行于{010}完全解理,解理面上常见横的聚片双晶纹;硬度为2,相对密度为4.52~4.62。

4. 石墨—辉钼矿

石墨:片状、鳞片状、土状、块状集合体。颜色及条痕均为黑色,不透明,半金属光泽;硬度为1~2,平行于{0001}极完全解理,相对密度为2.09~2.23;有滑感,易污手。

辉钼矿:晶形呈六方板状(少见),一般为鳞片状集合体。铅灰色;条痕为亮铅灰色,在上釉瓷板上为带微绿的灰黑色;不透明;金属光泽。平行于{0001}极完全解理,薄片具挠性;硬度为1,相对密度为5.0;有滑腻感。

四、实验报告

按形态、光学性质、力学性质的顺序描述下列矿物：

石墨、自然硫、方铅矿、闪锌矿、黄铜矿、黄铁矿、辉锑矿、辉钼矿、毒砂、雄黄、雌黄

五、思考题

(1) 金刚石与石墨在形态、物理性质方面有何差别？为什么？

(2) 自然金属元素矿物的物理性质有哪些特点，由什么原因引起？

(3) 简述硫化物矿物的形态及物理性质特点。

(4) 硫化物及其类似化合物大类矿物分哪几类？举例说明各自的成分特点。

(5) 硫化物及其类似化合物有哪些成因，分别可形成哪些标型矿物？

实验七　氧化物、氢氧化物和卤化物大类常见矿物

一、课前准备

复习教材相关内容,了解氧化物、氢氧化物和卤化物大类矿物的主要特征。

二、目的及要求

(1)认识常见的氧化物、氢氧化物和卤化物大类矿物。
(2)熟悉各类矿物的物理性质,掌握各类矿物的肉眼鉴定方法。
(3)了解各类矿物的成因及产状,熟悉相似矿物之间的主要区别。
(4)掌握矿物的晶体化学式的书写。

三、内容及方法

(一)认识主要矿物

1. 氧化物和氢氧化物大类

氧化物矿物是指由一系列金属和非金属元素的阳离子与O^{2-}结合而成的化合物。氢氧化物矿物则是指金属阳离子与OH^-相结合而成的化合物。氧化物可进一步划分出赤铜矿族、刚玉族、金红石族、石英族以及尖晶石族等,其常见矿物见表2.7.1。

表 2.7.1　氧化物和氢氧化物大类常见矿物

类	族	种	化学式	晶系	视频2.7.1
氧化物类	赤铜矿族	赤铜矿	Cu_2O	等轴	
	刚玉族	刚玉	$\alpha\text{-}Al_2O_3$	三方	

续表

类	族	种	化学式	晶系	视频 2.7.1
氧化物类	刚玉族	赤铁矿	$\alpha\text{-}Fe_2O_3$	三方	
	金红石族	金红石	TiO_2	四方	
		锡石	SnO_2	四方	
		软锰矿	$\beta\text{-}MnO_2$	四方	
	石英族	石英	SiO_2	三方或六方	
		蛋白石	$SiO_2 \cdot nH_2O$		
	尖晶石族	尖晶石	$MgAl_2O_4$	等轴	

续表

类	族	种	化学式	晶系	视频 2.7.1
氧化物类	尖晶石族	磁铁矿	$FeFe_2O_4$	等轴	
		铬铁矿	$FeCr_2O_4$	等轴	
	黑钨矿族	黑钨矿	$(Mn,Fe)WO_4$	单斜	
氢氧化物类	镁的氢氧化物	水镁石	$Mg(OH)_2$	三方	
	铝的氢氧化物	铝土矿	$Al_2O_3 \cdot nH_2O$		
	铁的氢氧化物	褐铁矿	$Fe_2O_3 \cdot nH_2O$		
	锰的氢氧化物	硬锰矿	$mMnO \cdot MnO_2 \cdot nH_2O$		

氢氧化物矿物主要包括镁的氢氧化物、铝的氢氧化物、铁的氢氧化物以及锰的氢氧化物等,其常见矿物见表2.7.1。

2. 卤化物大类

萤石和石盐是地壳上最主要的卤化物,其常见矿物见表2.7.2。

表2.7.2 卤化物大类常见矿物

类	族	种	化学式	晶系	视频2.7.2
氟化物类	萤石族	萤石	CaF_2	等轴	
氯化物类	石盐族	石盐	$NaCl$	等轴	

(二)掌握氧化物、氢氧化物矿物的形态及物性特征

(1)形态:氧化物常可形成完好的晶形,也常见呈粒状、致密块状及其他集合体形态;氢氧化物多属三方、六方、斜方或单斜晶系,具层状结构者常呈板状、片状、鳞片状,具链状结构者多呈柱状、针状、纤维状,但更常见的为细分散胶态混合物,呈鲕状、豆状、肾状、葡萄状、钟乳状、多孔状、土状、致密块状。

(2)光学性质:惰性气体型离子——通常为无色、白色或浅色的颜色及条痕,玻璃光泽为主,透明—半透明;过渡型离子和铜型离子——深色或暗色,常呈各种彩色或钢灰色—铁黑色,条痕为深色(黄、褐、黑色),半金属光泽或金刚光泽,半透明—不透明。

(3)力学性质及其他性质。

①氧化物:大部分矿物为离子键向共价键过度,结构的紧密程度高。通常具有较高的硬度(一般大于5.5,最高达9),较大的相对密度(多数大于4,仅架状结构的石英族较低,为2.65);解理不发育;含铁矿物具强弱不等的磁性;熔点高;溶解度低。

②氢氧化物:层状结构者的硬度和相对密度均较相应的氧化物稍低或低很多,常具一组极完全—完全解理;链状结构者的硬度和相对密度皆相对稍大些,其解理中等。氢氧化物因产于地表,常为胶态或隐晶质,解理的意义不大。

(三)仔细观察,注意区别相似矿物

1. 刚玉—石英—萤石

刚玉:Al_2O_3,三方晶系,腰鼓状、柱状。一般为灰、黄灰色,含Fe者呈黑色;含Cr者呈红色

者,称红宝石;含 Ti 而呈蓝色称蓝宝石;玻璃光泽。无解理;硬度为 9。

α-石英:三方晶系,$L^3 3L^2$,常呈完好的柱状晶体;常见单形为六方柱,两个菱面体,还可出现三方双锥和三方偏方面体;柱面上有横纹。常为无色透明,因含不同杂质而成各种颜色的异种,例如紫水晶、烟水晶、蔷薇石英;块状石英为乳白色;晶面具玻璃光泽,断口具油脂光泽。常见贝壳状断口;硬度为 7。

β-石英:六方晶系,常见六方柱和六方双锥的聚形,但柱面一般不发育。灰白色或略带黄白的白色;玻璃光泽,断口油脂光泽。自然界见到的已转变为 α-石英,呈 β-石英副象。

萤石:等轴晶系,$3L^4 4L^3 6L^2 9PC$,常呈立方体、八面体,以及它们所组成的聚形,常形成穿插双晶,集合体多为粒状、致密块状。一般为浅绿色、浅紫色、浅蓝色、红色、黄色和黑色,无色透明者少见;玻璃光泽。硬度为 4,八面体解理完全,性脆,相对密度为 3.18。在阴极射线下发萤光,受热后可发磷光。

2. 赤铁矿—磁铁矿

赤铁矿 α-Fe_2O_3:三方晶系,常呈鲕状、肾状、粉末状和土状等隐晶质集合体。暗红色,条痕为樱红色;半金属光泽或土状光泽;不透明。无解理;硬度为 5.5~6,土状者硬度显著降低;相对密度为 5.0~5.3。性脆。

磁铁矿 $Fe^{2+}Fe_2^{3+}O_4$:等轴晶系,常呈致密块状和粒状集合体。铁黑色,条痕为黑色;半金属光泽;不透明。无解理;有时具{111}裂开;硬度为 6;相对密度为 5.2。性脆,具强磁性。

四、实验报告

按形态、光学性质、力学性质、其他性质的顺序描述下列矿物:

刚玉、赤铁矿、金红石、锡石、软锰矿、石英、尖晶石、磁铁矿、铬铁矿、褐铁矿、铝土矿、硬锰矿、萤石

五、思考题

(1)简述氧化物矿物的晶体化学特点及其对矿物性质的影响。

(2)水晶、玉髓、玛瑙、燧石以及蛋白石在形态、物理性质及成因上有何差异?

(3)氢氧化物一般形成于何种环境?该类矿物在成分及形态特征上有何特点?

(4)萤石解理产生的原因是什么?在(111)面上能见到几组解理纹?

(5)紫色萤石和紫水晶有何区别?

(6)石盐(100)解理产生的原因是什么?

(7)简述石盐的主要成因产状和用途。

实验八　矿物晶体化学式的计算

一、课前准备

了解晶体化学式的书写原则,矿物晶体化学式的计算。

二、目的与要求

了解晶体化学式的书写原则,掌握根据单矿物的化学成分分析数据计算矿物的晶体化学式。

三、内容及方法

矿物晶体化学式的计算有多种,均遵循占位离子数最合理、总电价近平衡的原则。阴离子法和阳离子法是最常用的方法。

(一) 阴离子法

阴离子法适合于不含水的氧化物和含氧盐。其原理是,已知矿物晶体的化学通式,阴离子做最紧密堆积。

以单斜辉石$XY[Z_2O_6]$为例,具体步骤如下：

(1) 检查化学分析结果是否合乎精度要求,必要时进行修正。

(2) 根据元素种类查出各组分相对分子质量。

(3) 将各组分的质量分数除以相对分子质量,换算成各组分的物质的量。

(4) 用各组分的物质的量乘以氧原子系数得到各组分的氧原子数。

(5) 用各组分的物质的量乘以其阳离子系数得到各组分阳离子数。

(6) 将各组分氧原子数相加得到各组分氧原子数总和ΣO。

(7) 以矿物单位分子(通式中)的氧原子理论值除以氧原子总和ΣO。

(8) 以各组分的阳离子数乘以换算系数,得到单位分子的阳离子数。

(9) 根据类质同象理论和矿物化学通式,将各阳离子分配到相应的晶格位置XYZ。Al既可以占据八面体位置,也可以占据四面体位置,一般优先考虑配平替代Si的四面体位置。其余分配到八面体位置。

(10) 按矿物的化学通式,检验矿物单位分子中的阳离子总数及正电荷总数$\Sigma(+)$。

(11) 写出矿物的晶体化学式。

(二) 阳离子法

阳离子法适用于成分、结构较复杂的链状/层状结构的硅酸盐,如角闪石族、云母族等矿物的化学式计算。其原理是,小空隙位置上单位分子内的阳离子数相对较稳定。

仍以上述单斜辉石的化学式计算为例,具体步骤如下:

(1)检查矿物化学分析数据是否符合化学式计算的精度要求。应注意去除矿物本身固有组成之外的组分(如吸附水等)。

(2)查出各组分的相对分子质量。

(3)用各组分的质量分数除以其相应的相对分子质量,求出各组分的物质的量。

(4)将各组分的物质的量乘以其各自的阳离子的系数,得到各组分的阳离子数。

(5)根据晶体化学知识,按矿物的化学通式,将各阳离子分配到适当的晶格位置上,并求出作为基准的结构位置上的各阳离子数之总和 ΣMe。

(6)由矿物单位分子内作为基准的阳离子数除以 ΣMe,即得到换算系数。

(7)将各组分的阳离子数乘以换算系数得出矿物单位分子中的阳离子数。

(8)按矿物的化学通式,检验矿物单位分子中的阳离子总数及正电荷总数 $\Sigma(+)$。

(9)矿物的阴离子总数等于矿物通式中的理论值。对于具附加阴离子的矿物,依据矿物单位分子中的 $\Sigma(+)$ 及电价平衡原则,可分别计算出各种阴离子的数目。

(10)按照矿物的化学通式,写出其晶体化学式。

四、实验报告

某单斜辉石各组分质量分数见表 2.8.1,选择上述其中一种方法按照计算步骤完成表格中空白内容,并确定该矿物晶体化学式。

表 2.8.1 某单斜辉石晶体化学式计算表

1	2	3	4	5	6	7	8
组分	质量分数 w_b,%	修正后的质量分数 w,%	相对分子质量	物质的量	氧原子数	阳离子数	单位分子中阳离子数
SiO_2	52.25						
TiO_2	0.72						
Al_2O_3	2.54						
Fe_2O_3	1.81						
FeO	1.95						
MnO	0.64						
MgO	14.97						
CaO	24.38						
Na_2O	0.56						
H_2O	0.11						
合计	99.93	ΣO 或 $\Sigma Me =$ 换算系数 =					
去除 H_2O^- Σw_b	99.82	$\Sigma(+) =$					

该单斜辉石的晶体化学式为：

五、思考题

某黄铁矿的各组分含量百分数如下：
S,53.41%；Fe,46.11%；Co,0.021%；Ni,0.009
求其晶体化学式。

第三篇 晶 体 光 学

实验一 偏光显微镜的校验与调整

一、实验目的

(1) 了解偏光显微镜的主要构造、装置、使用和保养方法。

(2) 掌握偏光显微镜的调节与校正方法(调节照明、调节焦距、中心校正及视域直径的测定等)。

(3) 熟悉偏光显微镜的使用、保养及注意事项。

二、实验内容

(一) 了解偏光显微镜的构造

偏光显微是研究透明矿物光学性质的重要仪器。偏光显微镜装有两个偏光镜,装在载物台之下的偏光镜称为下偏光镜(起偏镜),装在物镜上方镜筒中的偏光镜称为上偏光镜(检偏器),如图 3.1.1 所示。通常情况下,从二者透出偏光的振动面(振动方向)是相互垂直的。

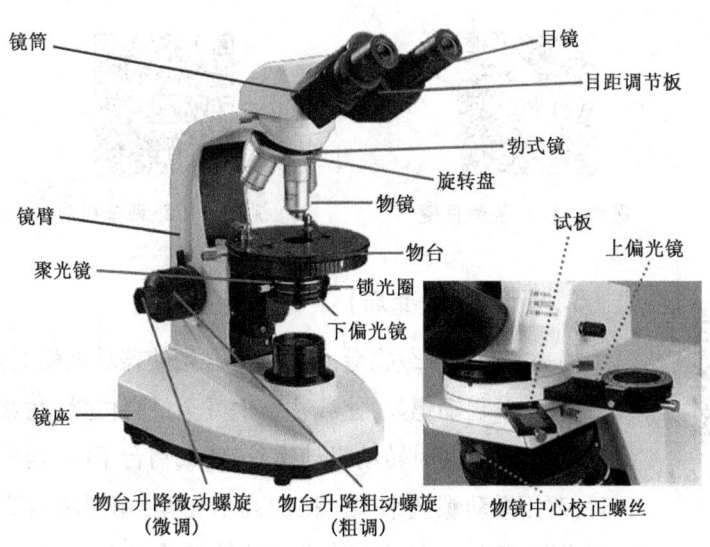

图 3.1.1 偏光显微镜

(1) 机械系统组件:包括镜座、镜壁、载物台和镜筒等(视频3.1.1)。

(2) 光学系统组件:包括光源、下偏光镜、锁光圈、聚光镜、物镜、上偏光镜、目镜和勃氏镜等(视频3.1.2)。

(3) 附件:包括物台微尺、石膏试板、云母试板、石英楔等(视频3.1.3)。

视频3.1.1 偏光显微镜的构造——机械系统组件　　视频3.1.2 偏光显微镜的构造——光学系统组件　　视频3.1.3 偏光显微镜的构造——常用附件

(二) 显微镜的调节与校正

1. 装卸目镜和物镜

装卸目镜时,将选用的目镜插入镜筒,并使目镜十字丝位于东西、南北方向。双目镜筒还需调节两个目镜间的距离,使眼睛间距与双筒视域一致(视频3.1.4)。装卸物镜(转盘型)时,将物镜安装在镜筒下端的物镜旋转盘上,再将需要的物镜转到镜筒正下方,转至弹簧卡住为止。

2. 调节照明(对光)

使用时应根据薄片中的矿物特点(如透明度)适当调节照明亮度(视频3.1.5)。主要有两个调节装置:光源开关和锁光圈。前者控制光强,后者控制进光量。

视频3.1.4 装卸目镜　　视频3.1.5 调节照明

3. 调节焦距(准焦)

将一薄片置于载物台上(注意:必须使盖玻璃朝上)。从侧旁观察物镜镜头,转动粗动螺丝,使载物台上升至最高位置(注意切勿压碎薄片)。从目镜中观察,同时转动粗动螺丝,使载物台下降,当视域中刚刚出现物象时,改用微动螺丝细调。换用高倍物镜,用同法调节焦距。因此在使用高倍物镜时,应先用低倍物镜聚焦,之后再依次改变物镜倍数聚焦(视频3.1.6)。

视频3.1.6 调节焦距

4. 校正物镜中心

当显微镜上载物台的旋转轴、物镜的中轴以及目镜的中轴处于一条直线上,转动载物台,视域中心的物象原地不动,中心以外的物象则绕中心做圆周运动。如果旋转载物台,视域中心的物象偏离视域中心,甚至跑出视域之外,则称为中心不准,需校正中心,如图3.1.2所示。具体步骤如下(视频3.1.7):

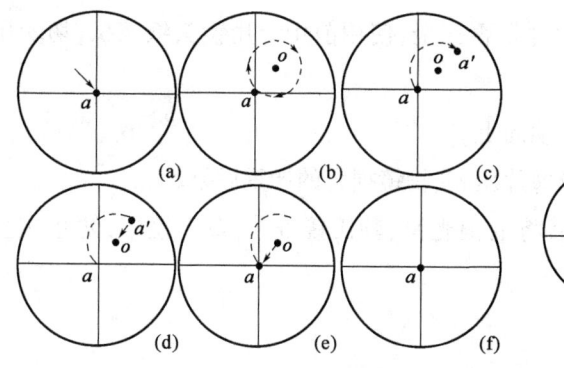

视频3.1.7 校正物镜中心

图3.1.2 校正物镜中心的基本步骤

(1)将物镜安装在正确的位置上,准焦后在视域里选择薄片上一点a,移动薄片使点a位于十字丝中心,将薄片固定。

(2)旋转载物台一周,若a点离开中心,则以另一圆心o做圆周运动,证明中心不正,需要校正。

(3)旋转物台180°,使a点由十字丝交点移至a'处。

(4)扭动物镜上的校正螺丝,使a'点移至偏心圆圆心o点,初校即算完成。

(5)移动薄片,将a点从o点移动至十字丝交点,旋转物台检查,若已校正好,则点a不动,否则需要重复前述操作步骤加以校正。

5. 上下偏光镜的正交检查

(1)下偏光镜的检查与校正(视频3.1.8):使用黑云母薄片进行下偏光镜的检查和校正。黑云母选择长条形、发育一组极完全解理的切面。

(2)上偏光镜的检查与校正(视频3.1.9):校正好下偏光镜振动方向后,从载物台取下薄片,推入上偏光镜,从目镜中观察视域明亮程度。若视域为全黑,说明上下偏光镜正交;若视域不为全黑,说明上下偏光不正交,调节上偏光镜的刻度旋钮,直到视域全黑为止。

视频3.1.8 下偏光镜的校正

视频3.1.9 上偏光镜的校正

(三) 显微镜视域直径的测定

视域直径可用透明方格纸、带刻度的三角尺或物台微尺进行测量。在测量时可将它们分别置于载物台上,准焦后将刻度边部与视域直径边部重合,观察视域直径长度,记录其数值,作为以后估计颗粒大小之用。

三、使用偏光显微镜的注意事项

(1) 使用前应仔细检查仪器有无损坏,附件是否齐全,使用前用专用镜头纸擦拭,切勿用手或其他物品触摸。

(2) 薄片置于载物台上时,薄片盖玻片必须向上。

(3) 使用高倍物镜时务必小心,以免造成薄片压碎、物镜损害的严重后果。

(4) 显微镜使用完毕后,关闭电源。然后将上偏光镜、勃氏镜推入,罩上镜罩,防止灰尘进入。

四、实验报告

观察蓝晶石黑云母片岩、电气石薄片,根据实验要求,完成实验报告。

薄片名称	矿物名称	画出形态、解理等		下偏光振动方向
		颜色最深时的形态	颜色最浅时的形态	PP

实验二　矿物形态与解理的观测

一、实验目的

(1) 了解矿物的晶形,解理等级及同一矿物不同切面上解理的差异。
(2) 掌握解理夹角的测定方法。
(3) 掌握用素描图表示单偏光镜下矿物的特征。

二、实验内容

(1) 在电气石薄片中,结合其光性方位[图3.2.1(a)],观察电气石两种不同类型的切面:
① ⊥c轴切面,该切面为弧面三角形或六边形,无解理(彩图3.2.1)。
② //c轴切面,该切面一般为长条形,无解理,但有一组近于⊥c轴的裂纹(彩图3.2.2)。

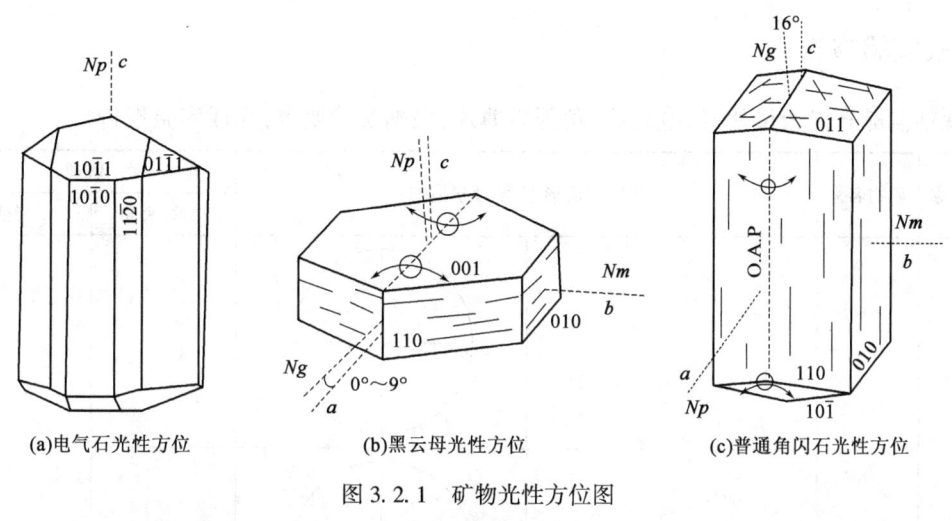

(a) 电气石光性方位　　(b) 黑云母光性方位　　(c) 普通角闪石光性方位

图 3.2.1　矿物光性方位图

彩图3.2.1　电气石
⊥c轴的切面

彩图3.2.2　电气石
//c轴的切面

彩图3.2.3　黑云母
⊥c轴的切面

(2) 在蓝晶石黑云母片岩薄片中观察黑云母的一组极完全解理,结合其光性方位[图3.2.1(b)],重点观察以下两种类型的切面:
① ⊥c轴切面,难以观察到解理缝(彩图3.2.3)。
② //c轴切面,切面形态一般为长条形,发育一组互相平行、细密平直的解理缝,表现出极

完全解理的特征(彩图 3.2.4)。

(3)在角闪岩薄片中观察普通角闪石的两组完全解理,结合其光性方位[图 3.2.1(c)],在薄片中可见以下两种类型的切面:

①⊥c 轴切面,切面上可见两组解理缝,解理缝较宽,疏密不等,基本连续,表现出完全解理的特征(彩图 3.2.5)。

②∥(010)切面,多为长条形切面,可见一组解理缝(彩图 3.2.6)。

彩图 3.2.4 黑云母　　彩图 3.2.5 角闪石　　彩图 3.2.6 角闪石　　视频 3.2.1 解理夹角
∥c 轴的切面　　　　⊥c 轴的切面　　　　∥(010)的切面　　　　的测定

(4)测定角闪石的解理夹角(视频 3.2.1)。注意:挑选具有两组解理且两组解理缝均垂直于薄片平面的颗粒。此颗粒的标志是:解理缝微细而清晰,微微升降镜筒解理缝不左右移动。

三、实验报告

观察蓝晶石黑云母片岩、电气石、角闪岩薄片,根据实验要求,完成实验报告。

薄片名称	矿物名称	矿物切面形态、解理素描图	解理	
			组数/夹角	特征

实验三 矿物多色性与吸收性的观测

一、实验目的

(1) 熟悉矿物在薄片中的颜色、多色性与吸收性。
(2) 了解矿物多色性与吸收性的成因。

二、实验内容

(1) 在电气石薄片中,结合其光性方位[图3.3.1(a)],观察电气石三种不同类型的切面:

① ⊥c轴切面,该切面为弧面三角形或六边形,旋转载物台无明显多色性与吸收性(视频3.3.1)。

② //c轴切面,该切面一般为长条形,旋转载物台多色性与吸收性最明显(视频3.3.2)。

③ 斜交c轴切面,该切面形态、多色性与吸收性的明显程度介于前两种切面之间(视频3.3.3)。

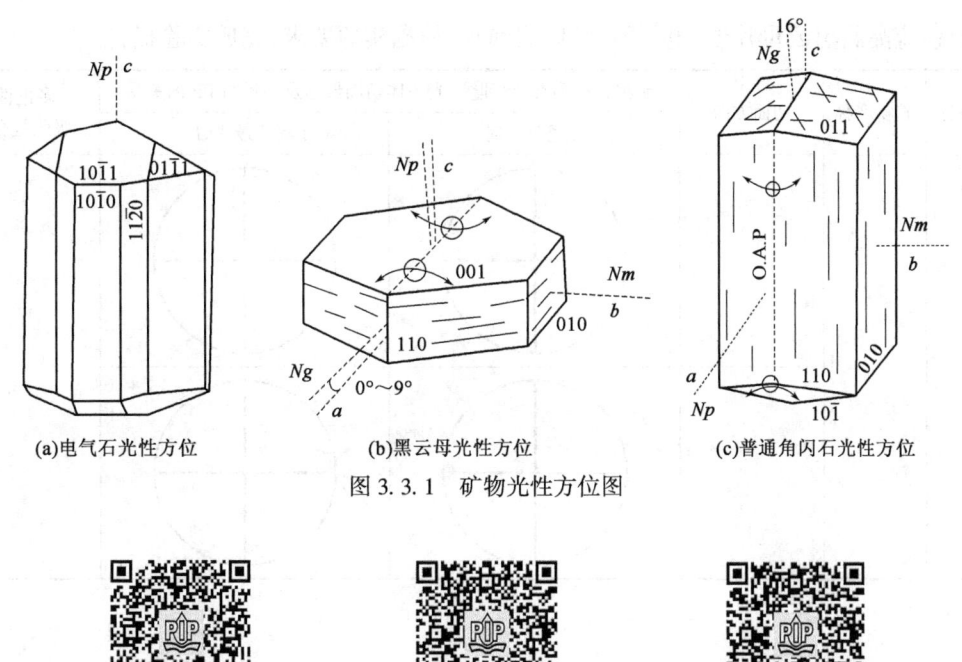

图 3.3.1 矿物光性方位图

视频3.3.1 电气石 ⊥c轴的切面　　视频3.3.2 电气石 //c轴的切面　　视频3.3.3 电气石 斜交c轴的切面

(2) 在蓝晶石黑云母片岩薄片中观察黑云母的一组极完全解理,结合其光性方位[图3.3.1(b)],重点观察以下两种类型的切面:

— 75 —

①⊥c 轴切面,转动载物台颜色几乎没有变化,无明显多色性与吸收性(视频 3.3.4)。

②//c 轴切面,切面形态一般为长条形,旋转载物台多色性与吸收性最明显(视频 3.3.5)。

(3)在角闪岩薄片中观察普通角闪石的两组完全解理,结合其光性方位[图 3.3.1(c)],在薄片中可以看到以下两种类型的切面:

①⊥c 轴切面,旋转载物台表现出较明显的多色性与吸收性,注意观察当颜色最深和最浅时,解理缝方向和目镜十字丝之间的关系(视频 3.3.6)。

视频 3.3.4 黑云母　　视频 3.3.5 黑云母　　视频 3.3.6 角闪石　　视频 3.3.7 角闪石
⊥c 轴的切面　　　//c 轴的切面　　　⊥c 轴的切面　　　//(010)的切面

②//(010)切面,多为长条形切面,旋转载物台多色性与吸收性最明显,最深时为深绿色,最浅时为淡黄绿色。注意观察当颜色最深和最浅时,解理缝方向和目镜十字丝的关系(视频 3.3.7)。

三、实验报告

观察蓝晶石黑云母片岩、电气石、角闪岩薄片,根据实验要求,完成实验报告。

薄片名称	矿物名称	切面方向	矿物颗粒形态、解理纹、光率体切面形态及半径与 PP 的关系		多色性、吸收性公式
			颜色最深时	颜色最浅时	

实验四　矿物边缘、贝克线、糙面和突起的观测

一、实验目的

(1) 了解矿物的边缘、贝克线、糙面和突起现象,学会利用贝克线的移动规律判断突起正负以及相邻矿物折射率的相对大小。

(2) 根据边缘、糙面特征确定突起等级,掌握常见矿物的边缘、糙面特征和突起等级。

(3) 掌握用素描图表示单偏光镜下矿物的特征。

二、实验内容

(1) 比较石榴子石、橄榄石、磷灰石、石英、正长石、萤石的突起高低、边缘、糙面的明显程度,熟悉它们的突起、边缘和糙面特征。通过观察矿物贝克线的移动规律,与加拿大树胶(折射率为 1.54,单偏光镜下无色透明)相比,确定其突起正负。在实验中需注意以下问题:

① 观察矿物的边缘、贝克线、糙面和突起,要适当缩小光圈,使视域稍暗一些,便于观察这些现象(视频 3.4.1)。

② 观察贝克线的移动规律(视频 3.4.2),首先要看到清晰的贝克线,必须严格按照要求观察,即选取矿物与树胶相接触的区域,将其置于视域中心,准焦以后适当缩小光圈(最好选用 20 倍物镜)。

③ 当矿物与相邻物质(矿物)折射率相差较大时,若薄片较厚或矿物解理发育,在薄片边缘附近有时还可能见到另一条亮线,称为"假贝克线"(视频 3.4.3)。下降物台(或提升镜筒)时,其移动方向与贝克线相反。换用光孔角小的物镜,使入射光近于平行,可使假贝克线消除或减弱。

视频 3.4.1 边缘和贝克线

视频 3.4.2 萤石贝克线的移动规律

视频 3.4.3 假贝克线

(2) 用矿物素描图形象清晰地表示矿物突起的高低。通常以线条的粗、细、浓、淡描绘矿物边缘,以点的大小和疏密来描绘矿物糙面。描绘高突起的矿物,边缘线条粗、浓,内部表示糙面的点大而密集;描绘低突起的矿物,边缘线条细、淡,内部点小而稀疏;中等突起矿物的描绘介于二者之间。

(3) 观察白云母的闪突起现象(视频 3.4.4)。

(4)观察方解石的闪突起现象(视频3.4.5)。

视频3.4.4 白云母的闪突起

视频3.4.5 方解石的闪突起

三、实验报告

观察萤石、霓辉正长岩(正长石)、石英岩(石英)、磷灰石、纯橄榄岩(橄榄石)、石榴子石、条带状大理岩(方解石)、云英岩(白云母)薄片,根据实验要求,完成实验报告(表3.4.1和表3.4.2)。

表3.4.1 矿物边缘、贝克线、糙面和突起的观察

薄片名称	矿物名称	糙面、边缘、突起高低情况	相应的折射率	图示	
				提升镜筒	下降镜筒

表3.4.2 矿物闪突起现象的观察

薄片名称	矿物名称	糙面、边缘、突起的变化	折射率	突起最高的形态	突起最低的形态

实验五　干涉色特征及光率体椭圆切面半径方向和名称测定

一、实验目的

(1)熟悉Ⅰ~Ⅳ级干涉色级序特征。

(2)掌握利用石膏试板、云母试板测定薄片中矿物光率体椭圆切面半径方向和名称的方法。

二、实验内容

(1)在正交偏光镜下,从试板孔缓慢插入石英楔,观察Ⅰ~Ⅳ级干涉色的特征(视频3.5.1)。

(2)在正交偏光镜下测定薄片中矿物光率体椭圆切面半径方向和名称的步骤如下(视频3.5.2):

视频3.5.1 干涉色级序特征

视频3.5.2 光率体椭圆切面半径名称的测定

①将待测矿物置于十字丝中心,转动物台至消光位。

②由消光位转动45°,此时干涉色最明亮,薄片的光率体椭圆切面半径与试板半径方向一致。

③由试板孔插入试板,判断矿物干涉色级序升高(同名轴平行)或者降低(异名轴平行),从而确定轴名。

④旋转物台90°,重复步骤③。

(3)利用石膏试板测定薄片光率体椭圆切面半径方向和名称(视频3.5.3)。

(4)利用云母试板测定薄片光率体椭圆切面半径方向和名称(视频3.5.4)。

视频3.5.3 石膏试板

视频3.5.4 云母试板

(5)注意事项。

①操作中应根据薄片干涉色级序的高低,选择合适的试板:

a. 低于二级黄的薄片,选用石膏试板为宜;

b. 高于二级黄的薄片,最好使用云母试板;

c. 干涉色高于三级的薄片用石膏试板或云母试板均难达到理想的效果,可改用石英楔。

②被测定半径的名称,是否为光学主轴,还取决于切片方向。只有在光率体的主轴面上方可测得主折射率 No 和 Ne(一轴晶)或测得 Ng、Nm、Np 三个主轴之中的某两个主轴(二轴晶)。如矿物薄片是任意方向的切面,则椭圆切面的半径往往不是矿物的光学主轴,此时轴名通常都以 Ng' 和 Np' 表示。

③描述干涉色时,一定要说明干涉色的级序和色序,如Ⅱ级蓝干涉色。

三、实验报告

(1)利用石英楔,观察Ⅰ~Ⅳ级干涉色级序特征,根据实验要求,完成实验报告(表3.5.1)。

(2)利用石膏试板、云母试板测定试板干涉色级序的升降变化,根据实验要求,完成实验报告(表3.5.2)。

(3)观察石英岩/云英岩、纯橄榄岩薄片,根据实验要求,完成实验报告(表3.5.3)。

表 3.5.1　石英楔各级干涉色(用彩色铅笔着色)及特点

色谱								
干涉色名称								
	Ⅰ级	550nm	Ⅱ级	1100nm	Ⅲ级	1650nm	Ⅳ级	2200nm

第Ⅰ级序:

第Ⅱ级序:

第Ⅲ级序:

第Ⅳ级序:

表 3.5.2　试板重叠与光程差的叠加

	不同试板		石膏试板		云母试板	
	云母试板	石膏试板	同名半径平行	异名半径平行	同名半径平行	异名半径平行
光程差						
干涉色						

表 3.5.3　光率体椭圆切面半径名称的测定

薄片名称	矿物名称	消光位	转动物台45°	加入试板干涉色升高	加入试板干涉色降低
		⊕	⊕	⊕	⊕

实验六　矿物干涉色级序及双折射率的测定

一、实验目的

(1)掌握楔形边法判断矿物干涉色级序的方法。
(2)掌握石英楔法判断矿物干涉色级序的方法。
(3)掌握测定矿物双折射率的方法。

二、实验内容

（一）用楔形边法测定矿物干涉色级序

矿物切面往往具有楔形边缘,其边部薄,向中间逐渐加厚,常可见干涉色从边缘向中间逐渐升高呈环状分布,根据紫红色色圈数目 n,就可确定矿物表面的干涉色级序为 $n+1$(视频3.6.1)。边缘不是从一级灰白或一级灰黑开始,不能应用此种方法判断干涉色的级序。

视频3.6.1　楔形边法

（二）用石英楔测定矿物干涉色级序

从试板孔由薄端至厚端缓慢插入石英楔,观察薄片中矿物干涉色级序的变化,可能会出现下列两种情况:

(1) 随着石英楔的缓慢插入,薄片中矿物干涉色级序逐渐升高至高级白干涉色,此时需转动物台90°(视频3.6.2)。

(2) 随着石英楔的缓慢插入,薄片中矿物干涉色级序逐渐降低直至消色(视频3.6.3)。缓慢抽出石英楔,干涉色逐渐升高,观察紫红色带出现次数 n,确定矿物的干涉色级序为 $n+1$(视频3.6.4);或者取出薄片,缓慢抽出石英楔,干涉色逐渐降低,观察紫红色带出现次数 n,确定矿物的干涉色级序为 $n+1$(视频3.6.5)。

视频3.6.2 同名半径平行,干涉色升高至高级白

视频3.6.3 异名半径平行,干涉色降低至消色

视频3.6.4 缓慢抽出石英楔,干涉色逐渐升高

视频3.6.5 取出矿片,缓慢抽出石英楔,干涉色逐渐降低

注意:在将石英楔推入试板孔过程中,速度一定要慢,便于观察干涉色级序和色序的变化。

(三)高级白干涉色的鉴别方法

在矿物干涉色最亮的位置,插入石膏或者云母试板,矿物表面干涉色没有明显变化(视频3.6.6)。

视频3.6.6 高级白干涉色鉴别方法

(四)利用所测矿物干涉色级序,测定薄片双折射率

(1)若薄片中无石英颗粒或测定要求不高时,可将薄片厚度按照标准厚度(0.03mm)计算。

(2)选择平行于光轴或光轴面的切面,该切面特点是:在正交偏光镜下的干涉色级序最高,单偏光镜下多色性与吸收性、闪突起最明显(若矿物有该现象)。

(3)矿物双折射率的确定原则上要测定多个矿物切面,才具有鉴定意义。

三、实验报告

观察纯橄榄岩、云英岩薄片,根据实验要求,完成实验报告。

(一)用两种方法测定橄榄石的干涉色级序

(1)在橄榄岩薄片中找出具有楔形边的颗粒置于十字丝中心,从边缘往中心数有 n 条紫红色色圈,则干涉色级序为 $n+1$ 级,色序为颗粒中心的颜色。

薄片名称	矿物名称	干涉色色序	干涉色紫红色色圈数	干涉色级序	素描图
纯橄榄岩	橄榄石				

(2)在楔形边法的基础上,利用石英楔测定同一个橄榄石颗粒干涉色级序。

薄片名称	矿物名称	矿物干涉色色序	0°位	45°位	同名半径平行	异名半径平行	干涉色级序
纯橄榄岩	橄榄石				干涉色变化规律:	拔出石英楔干涉色变化规律:	

(二) 测定矿物的双折射率

云英岩中石英的最高干涉色_____,对应的光程差 $R_{石英}$ =_____,石英的双折射率为0.009,云英岩薄片的厚度 $d=R_{石英}/0.009$ =_____。

薄片名称	矿物名称	测定并校正矿物的最高干涉色			最高干涉色	对应光程差	矿物双折射率
		45°位	同名半径平行	异名半径平行			
云英岩	白云母	干涉色_____	试板名_____ 干涉色变化_____	试板名_____ 干涉色变化_____			

(三) 高级白与一级灰白的区别

薄片名称	矿物名称	插入石膏试板后干涉色的变化情况	干涉色等级
条带状大理岩	方解石	同名半径平行: 异名半径平行:	
石英岩	石英	同名半径平行: 异名半径平行:	

实验七　矿物消光角、延性符号的测定与双晶的观测

一、实验目的

(1)熟悉矿物各种消光类型,了解其意义,并掌握消光角的测定方法。

(2)掌握矿物延性符号的测定方法。

(3)了解常见的双晶特征。

二、实验内容

(1)观察电气石不同方向切面的消光类型,并测定其延性符号。结合电气石的光性方位[图 3.7.1(a)],可知其代表性切面有两种类型:

①⊥c 轴切面,该切面为弧面三角形或六边形(彩图 3.7.1)。

②∥c 轴切面,该切面一般为长条形(彩图 3.7.2)。

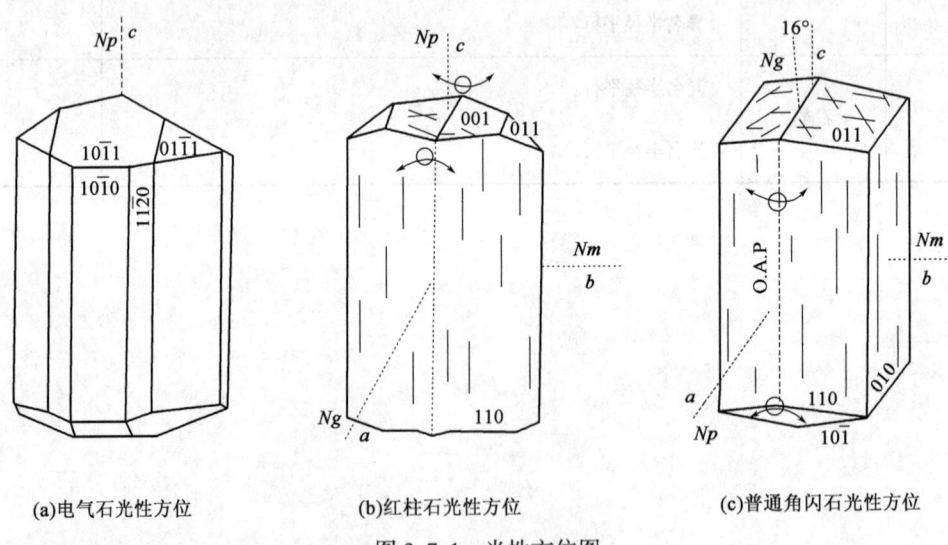

(a)电气石光性方位　　(b)红柱石光性方位　　(c)普通角闪石光性方位

图 3.7.1　光性方位图

电气石延性符号的测定见视频 3.7.1。

彩图 3.7.1　电气石
⊥c 轴的切面

彩图 3.7.2　电气石
∥c 轴的切面

视频 3.7.1　电气石
延性符号的测定

(2)观察红柱石不同方向切面的消光类型,并测定其延性符号。结合红柱石的光性方位[图3.7.1(b)],可知其代表性切面有两种类型:

①⊥c轴切面,多为正方形、菱形,中心多具有十字形碳质包裹体(彩图3.7.3)。

②∥c轴切面,一般为长条形(彩图3.7.4)。

红柱石延性符号的测定见彩图3.7.5。

彩图3.7.3 红柱石
⊥c轴的切面

彩图3.7.4 红柱石
∥c轴的切面

彩图3.7.5 红柱石
延性符号的测定

(3)观察角闪石不同方向切面的消光类型,结合普通角闪石的光性方位[图3.7.1(c)],可知其代表性切面有两种类型:

①⊥c轴切面,可见两组完全解理,夹角应为56°(彩图3.7.6)。

②∥(010)切面,可见一组完全解理,多色性最明显,干涉色级序最高(彩图3.7.7)。

彩图3.7.6 角闪石
⊥c轴的切面

彩图3.7.7 角闪石
∥(010)的切面

(4)测定普通角闪石∥(010)切面上的消光角(视频3.7.2),并确定其延性符号(视频3.7.3)。

视频3.7.2 角闪石
消光角的测定

视频3.7.3 角闪石
延性的测定

注意:

①选取薄片中符合要求的定向切面。

②注意旋转方向及相应的椭圆切面半径的名称。

③一般应说明椭圆切面长短半径方向。如某种普通角闪石∥(010)切面的消光角为:$Ng \wedge c = 24.5°$,其延性为正。

(5)双晶的观察。

①简单双晶(视频3.7.4):霞石正长岩的正长石(卡氏双晶)。

②复式双晶(视频3.7.5):轮式双晶——堇青石角岩中的堇青石;聚片双晶——辉长岩中的斜长石(聚片双晶);复合双晶——辉长岩中的斜长石(卡钠复合双晶),微斜长石中的格子双晶。

视频3.7.4 简单双晶　　　视频3.7.5 复式双晶

三、实验报告

观察电气石、红柱石片岩、角闪岩、橄榄辉长岩、霞石正长岩/霓辉正长岩、堇青石角岩、黑云母斜长片麻岩等薄片,根据实验要求,完成实验报告(表3.7.1~表3.7.3)。

表3.7.1　双晶的观测

薄片名称	矿物名称	双晶名称	双晶特点	图示

表 3.7.2 薄片中矿物的消光角、延性符号的测定

薄片名称	矿物名称	干涉色等级	消光类型及消光特征素描图			延性的测试方法			延性
			⊥c(近于⊥c)切面	//c(近于//c)切面	干涉色最亮	插入试板	转动90°插入试板		
电气石片岩	电气石								
红柱石片岩	红柱石								
角闪岩	角闪石								

表 3.7.3 普通角闪石//(010)切面消光角的测定

薄片名称	矿物名称	解理纹//AA	消光位	干涉色最亮	插入试板
角闪岩	普通角闪石	载物台读数	载物台读数	干涉色	干涉色
					消光角

实验八　一轴晶矿物干涉图的观测

一、实验目的

(1) 了解锥光镜的装置及光学特点,学会在锥光镜下观察矿物干涉图。

(2) 掌握一轴晶不同类型干涉图(垂直光轴、斜交光轴、平行光轴)的图像特点。

(3) 掌握应用一轴晶垂直光轴切面及斜交光轴切面的干涉图测定其光性符号的方法。

二、实验内容

(1) 观察方解石垂直 OA 切面干涉图特征,并分别用石膏试板(视频3.8.1)、云母试板、石英楔(视频3.8.2)观察干涉图的变化,测定其光性符号。

视频3.8.1　方解石垂直
光轴切面光性符号
测定——石膏试板

视频3.8.2　方解石垂直
光轴切面光性符号
测定——石英楔

(2) 观察石英垂直 OA 切面干涉图特征,用石膏试板测定其光性符号(彩图3.8.1)。比较石英与方解石垂直 OA 切面干涉图的异同点:两者干涉图图像都是中心一个黑十字,但石英的黑十字粗、宽,方解石的黑十字比较窄、细;石英不见色圈,方解石可见许多色圈。

(3) 观察方解石斜交 OA 切面干涉图特征,用石膏试板测定其光性符号(视频3.8.3)。

(4) 观察石英平行光轴切面干涉图特征,并测定其光性符号(视频3.8.4)。

彩图3.8.1　石英垂直
光轴切面光性符号测定

视频3.8.3　方解石斜交
光轴切面光性符号测定

视频3.8.4　石英平行
光轴切面光性符号测定

三、注意事项

锥光装置和高倍物镜使用时的注意事项如下:

(1) 仔细校正中心。

（2）准焦时应先用低倍物镜准焦，然后依次换到高倍物镜，利用微动螺旋缓慢调准焦距。

（3）载物台上的薄片盖玻璃必须朝上，否则在准焦时易压碎薄片。

（4）聚光镜切忌顶起薄片。

（5）加入上偏光镜及勃氏镜即可观察到干涉图。如果显微镜中没有安装勃氏镜，则去掉目镜也能观察到干涉图。

四、实验报告

观察石英、方解石的定向切片，根据实验要求，完成实验报告。

薄片名称	矿物名称	干涉图	插入试板种类	加试板后的干涉图	光率体椭圆半径的名称	轴性及光性	干涉图类型
⊥OA 方解石	方解石						
⊥OA 石英	石英						
//OA 石英	石英						

实验九　二轴晶矿物干涉图的观测

一、实验目的

(1) 了解锥光镜的装置及光学特点，学会在锥光镜下观察矿物干涉图。

(2) 掌握应用二轴晶垂直 Bxa 及垂直一个光轴切面的干涉图测定其光性符号的方法。

二、实验内容

(1) 观察白云母⊥Bxa 切面的干涉图，仔细观察在 0°（光轴面平行 AA 或 PP）、45°位置的图像特征及转动物台一周干涉图的变化，插入试板测定其光性正负（视频 3.9.1）。

(2) 观察橄榄岩中橄榄石⊥OA 切面的干涉图，插入试板观察干涉色的升降变化（注意比较与白云母⊥Bxa 切面干涉图的差异），并估计光轴角的大小（视频 3.9.2）。

视频 3.9.1　二轴晶
⊥Bxa切面光性符号测定

视频 3.9.2　二轴晶
⊥OA切面光性符号测定

确定橄榄石⊥OA（近于⊥OA）切面的操作步骤如下：

①用中倍物镜（10×）或低倍物镜（4×），在正交偏光镜下一边移动薄片，一边转动物台，选一个干涉色一级深灰（越低越好）的橄榄石切面，移至视域中心。

②换用高倍物镜，用高倍物镜准焦的方法调好焦距，然后推入聚光镜，加入勃氏镜，即可见橄榄石⊥OA 或近于⊥OA 切面的干涉图。

三、注意事项

锥光装置和高倍物镜使用时的注意事项如下：

(1) 仔细校正中心。

(2) 准焦时应先用低倍物镜准焦，然后依次换到高倍物镜，利用微动螺旋缓慢调准焦距。

(3) 载物台上的薄片盖玻璃必须朝上，否则在准焦时易压碎薄片。

(4) 聚光镜切忌顶起薄片。

(5)加入上偏光镜及勃氏镜即可观察到干涉图。如果显微镜中没有安装勃氏镜,则去掉目镜也能观察到干涉图。

四、实验报告

观察白云母的定向切片、纯橄榄岩薄片,根据实验要求,完成实验报告。

薄片名称	矿物名称	干涉图		插入试板种类	插入试板后的干涉图	轴性及光性	干涉图类型
		光轴面迹线与十字丝之一平行	光轴面迹线与十字丝之一夹角45°				
⊥Bxa 白云母	白云母						
纯橄榄岩	橄榄石						

实验十　透明造岩矿物系统鉴定

一、实验目的

（1）全面复习、总结观察和测定透明矿物光学性质的基本理论和操作方法。

（2）掌握系统鉴定透明矿物的程序。

二、实验内容

（一）系统鉴定矿物光学性质的步骤

1. 区分均质体和非均质体矿物

均质体矿物任意方向切面，在正交偏光镜下均为全消光，在锥光下无干涉图。非均质体矿物，只有垂直光轴切面在正交偏光镜下全消光，其他方向切面在正交偏光镜下均为四次消光，用白光做光源时可产生干涉色，在锥光镜下显示各种不同类型的干涉图。

2. 均质体矿物的鉴定

在单偏光镜下观察矿物的晶形、解理、裂纹、颜色、突起等级、包裹体特征及次生变化等。

3. 非均质体矿物的鉴定

（1）在单偏光镜下观察矿物的晶形、解理，测定解理夹角、颜色、多色性与吸收性、突起等级、闪突起、包裹体特征及次生变等。

（2）在正交偏光镜下观察矿物的消光类型，测定延性符号；若为斜消光，还需测定消光角大小。观察双晶类型。

（3）选择矿物垂直光轴的切面，在锥光镜下确定轴性，测定光性正负，若为二轴晶，还需估计 $2V$ 大小，观察色散特征。若为有色矿物，在单偏光镜下观察 No（一轴晶）或 Nm（二轴晶）方向的颜色。

（4）选定矿物平行光轴（一轴晶）或平行光轴面（二轴晶）的切面。在正交偏光镜下测定该切面的最高干涉色级序、最大双折率和消光角大小；观察多色性和吸收性、闪突起等。

（二）透明矿物系统鉴定实例

1. 紫苏辉石

紫苏辉石呈自形—半自形的短柱状，正高突起，具有两组完全解理，解理夹角为 87°或 93°。多色性较明显，$Ng=$ 淡绿色，$Nm=$ 淡黄色，$Np=$ 淡红色。吸收性公式为 $Ng>Nm>Np$，属正吸收性。最高干涉色级序为一级紫红，横切面上对称消光，纵切面上平行消光，正延性。二轴晶,负光性,$2V$ 中等。紫苏辉石镜下鉴定特征见视频 3.10.1。

视频 3.10.1 紫苏辉石镜下鉴定特征　　视频 3.10.2 普通角闪石镜下鉴定特征

2. 普通角闪石

普通角闪石呈自形—半自形的长柱状,正中偏高突起,具有两组完全解理,解理夹角为 56°或 124°。多色性明显,Ng=深绿色,Nm=绿色,Np=浅绿色。吸收性公式为 $Ng>Nm>Np$,属正吸收性。最高干涉色级序为二级蓝绿,横切面上对称消光,纵切面上多为斜消光,最大消光角($Ng \wedge c$)为 23°,正延性。二轴晶,负光性,$2V$ 为 60°。普通角闪石镜下鉴定特征见视频 3.10.2。

三、实验报告

(1) 观察薄片中电气石、角闪石特征,根据实验要求,完成实验报告。

(2) 观察橄榄石、黑云母、斜长石、正长石、石英、方解石等矿物,根据实验要求,完成实验报告。观察电气石、角闪岩薄片,根据实验要求,完成实验报告。

薄片名称	矿物名称	单偏光				正交偏光				锥光
		切面类型	矿物形态特征	颜色及多色性吸收性公式	解理(组数、夹角)、边缘、贝克线、糙面、突起等	最高干涉色及双折射率	消光类型及消光角	延性	双晶	轴性及光性符号

第四篇　常见透明造岩矿物光性特征

一、暗色矿物

(一)橄榄石

橄榄石(Olivine)，$(Mg,Fe)_2[SiO_4]$，是镁橄榄石($Mg_2[SiO_4]$)(代号 Fo)与铁橄榄石($Fe_2[SiO_4]$)(代号 Fa)的完全类质同象混合物，依二端元组分的含量可分为镁橄榄石(Fo=100%~90%)、贵橄榄石(Fo=90%~70%)；透铁橄榄石(Fo=70%~50%)；镁铁橄榄石(Fo=50%~30%)；低镁富铁橄榄石(Fo=30%~10%)；铁橄榄石(Fo=10%~0)。一般所称橄榄石，即是贵橄榄石。

视频4.1 橄榄石镜下鉴定特征

贵橄榄石镜下特征是：无色，{010}解理不完全，多不规则裂纹，正高突起，三级底干涉色，平行消光，光性可正(Fo>85%)可负(Fo<85%)，2V 很大(+88°~-83°)，如图4.1所示。相似矿物有：斜方辉石类，具辉石式完全解理，干涉色低(双折射率为0.008~0.023)，多有弱多色性；普通辉石，具辉石式解理及消光，干涉色和双折射率(0.024~0.029)稍低；硅镁石，有无色至淡黄的弱多色性，折射率(正中突起)及双折射率(0.032)均较小，主要产于接触变质岩中。橄榄石族矿物属SiO_2不饱和的硅酸盐矿物，一般不与石英共生(铁橄榄石除外)，常产于基性及超基性等岩浆岩中，也可出现在接触变质岩中。

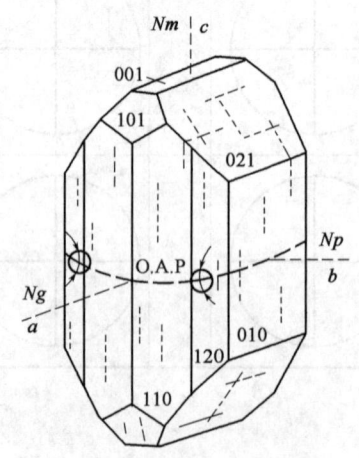

图4.1　橄榄石光性方位图

(二)顽火辉石和紫苏辉石

辉石类矿物为具单链结构的硅酸盐,按晶体结构分为斜方辉石和单斜辉石两个亚类。前者是由顽火辉石($En = MgSiO_3$)和铁辉石($Fs = FeSiO_3$)两个独立成分组成的固溶体,它们的光学性质连续变化。依 En 的含量分为顽辉石($En = 100\% \sim 90\%$),古铜辉石($En = 90\% \sim 70\%$),紫苏辉石($En = 70\% \sim 50\%$)、铁紫苏辉石($En = 50\% \sim 30\%$),尤莱辉石($En = 30\% \sim 10\%$)和斜方铁辉石($En = 10\% \sim 0$)。自然界中以顽火辉石(Enstatite)和紫苏辉石(Hypersthene)常见,其他种属少或罕见。

顽火辉石和紫苏辉石均沿 c 轴呈短柱状、粒状,薄片中正高突起,辉石式解理(即{110}二组完全解理,夹角87°),横切面对称消光,纵切面平行消光,正延性(图4.2)。前者无色、一级浅黄干涉色、正光性;后者具粉红—浅绿色弱多色性、一级黄橙干涉色、负光性。相似矿物有:单斜辉石,多斜消光,二级以上干涉色;硅灰石,多斜消光,$2V$ 中等(30°~60°),典型变质矿物产于接触带及片岩、片麻岩中;红柱石,正中突起,干涉色略低(双折射率为 0.009~0.011),负延性,是典型变质矿物,仅产于富铝的变质岩中,分布于超基性、基性侵入岩中,基性及中性火山岩中少见,也曾见于麻粒岩中。

视频4.2 紫苏辉石镜下鉴定特征

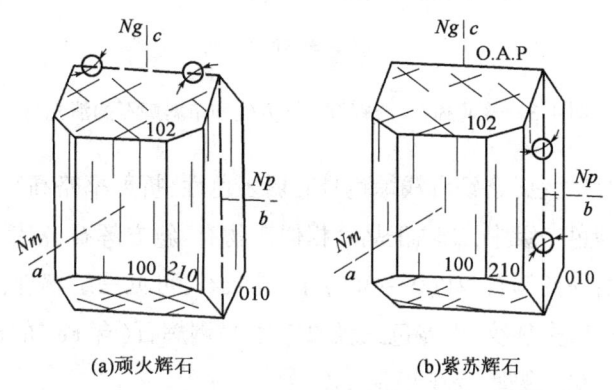

图4.2 顽火辉石和紫苏辉石光性方位图

(三)普通辉石

普通辉石(Augite),$(Ca,Na)(Mg,Fe,Al,Ti)[(Si,Al)_2O_6]$,是常见的单斜辉石之一。晶体呈短柱状,横切面近八边形,集合体常为半自形—他形粒状,绿黑至黑色[图4.3(a)]。

薄片中呈无色—浅褐—浅绿,无或弱多色性,正高突起,辉石式解理,二级中干涉色,横切面对称消光,多数纵切面斜消光,$Ng \wedge c = 39° \sim 55°$(通常为41°~48°),延性可正可负,二轴正晶,$2V$ 中等。相似矿物有:普通角闪石,具明显的多色性,折射率较低(正中或正中—正高突起),闪石式解理,负光性;橄榄石,不完全解理,干涉色达三级底,平行消光;与其他单斜辉石可据(010)切面消光角相互区别[图4.3(b)]。

视频4.3 普通辉石镜下鉴定特征

普通辉石是火成岩中最常见的暗色物质之一,主要产于基性、超基性岩浆岩中,在某些中性岩及酸性岩中也时有产出。普通辉石也产于中高级变质的岩石中。

(四)透辉石

透辉石(Diopside),CaMg[Si_2O_6],是常见的单斜辉石之一。成分中 Mg 常被不同比例的 Fe^{2+} 置换,构成透辉石—钙铁辉石类质同象系列。按照钙铁辉石分子含量的增加,可成次透辉石、铁次透辉石。常呈轴面较发育的短柱状及不规则粒状或放射状集合体,白至暗绿色[图 4.3(c)]。

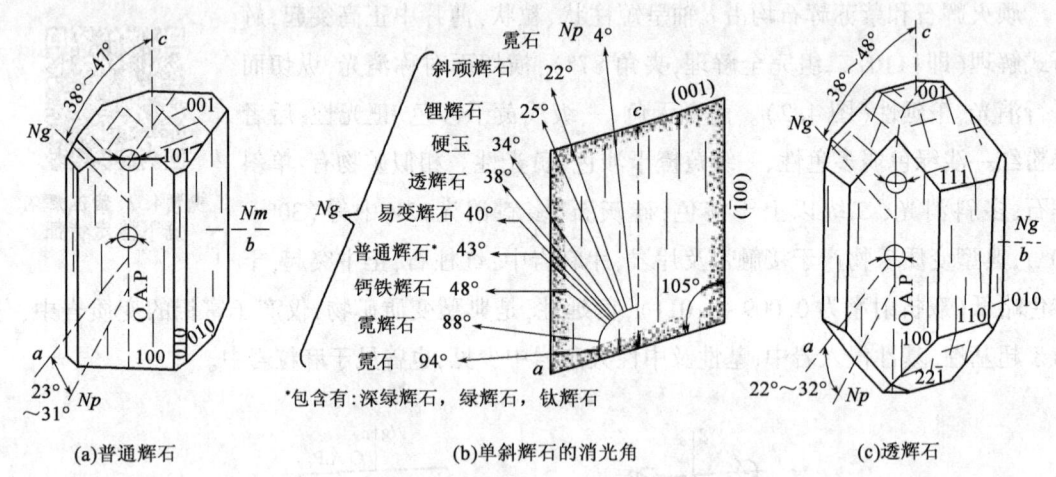

(a)普通辉石　　(b)单斜辉石的消光角　　(c)透辉石

图 4.3　普通辉石、透辉石光性方位和单斜辉石的消光角

透辉石在薄片中呈无色(含铁者浅绿色且有弱多色性、折射率略高),正高突起,典型辉石式的解理及消光,干涉色二级中,二轴正晶。相似矿物有:斜方辉石,富镁者干涉色较低,富铁者有多色性且负光性;易变辉石,$2V(0°~30°)$ 小;硅灰石,可见三组解理,正中突起,一级黄橙干涉色;橄榄石,无解理,多裂纹,干涉色三级,$2V$ 大;易剥辉石(含 Fe^{3+} 的透辉石及普通辉石的变种)有十分细密的{100}裂理,易于识别。

透辉石常见于各种岩浆岩中,以基性及超基性岩中最普遍,还常见于矽卡岩、片岩、片麻岩等变质岩中。

透辉石在薄片中常具环带及沙钟构造,带紫色的多色性,{010}面异常干涉色,可与其他辉石区别。相似矿物有:黑电气石为一轴晶;蓝闪石,折射率较小(正中突起),双折射率(0.008~0.022)略低,闪石式解理和闪石式消光,二轴负晶,可与钛辉石相区别。

视频4.4　普通角闪石镜下鉴定特征

透辉石主要产于中性、碱性及基性岩浆岩中,常与霞石伴生。在变质岩中尚未发现。

(五)普通角闪石

普通角闪石(Hornblende),$Ca_2Na(Mg,Fe^{2+})_4(Al,Fe^{3+}[(Si,Al)_4O_{11}]_2(OH)_2$,是最常见的含 Al、$Fe^{3+}$ 的单斜角闪石。单斜晶系,晶体沿 c 轴呈

长柱状、杆状、针状,或呈短柱状、纤维状、叶片状。有时可具环带构造,还可有锆石、褐帘石、磷灰石、榍石等矿物的包裹体。

普通角闪石镜下呈长柱状,强多色性,正中—正高突起,具角闪石式解理和消光,消光角一般小于25°,正延性,负光性。相似矿物有:普通辉石具辉石式解理,横断面为八边形,无色或浅色,无或弱多色性,消光角$Ng \wedge c>30°$,二轴正晶等均与普通角闪石不同;电气石为一轴晶,反吸收性,无解理、有裂理也可与之区别;黑云母则以突起略低、底面极完全解理、近于平行消光和较高的干涉色、很小的$2V$($0°\sim35°$)区别于普通角闪石;与其他单斜角闪石可根据(010)切面上的消光角相互区别。辉石及角闪石的横切面与解理的对比如图4.4所示。

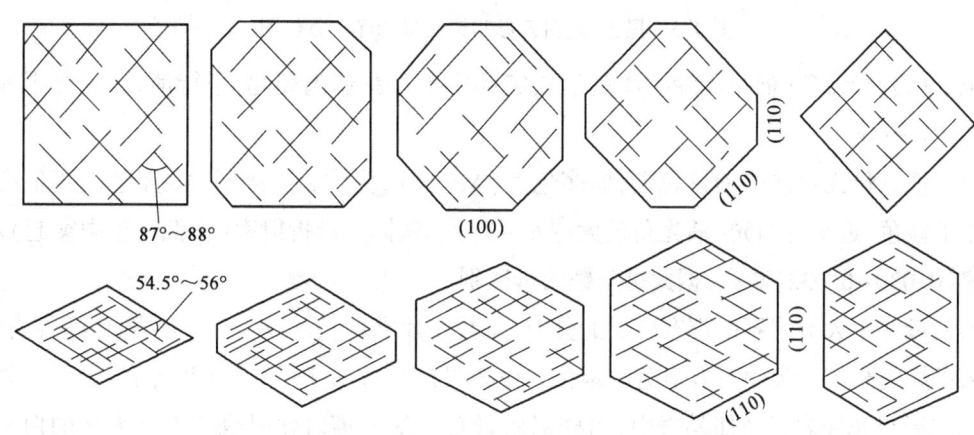

图4.4 辉石(上)及角闪石(下)的横切面与解理的对比

普通角闪石在三大类岩石中都有产出,尤其在角闪岩、中酸性岩浆岩以及角闪斜长片麻岩、角闪片岩等变质岩中大量出现。它是中性侵入岩的特征矿物,也见于沉积碎屑矿物中。

(六)黑云母、白云母和锂云母

黑云母(Biotite),$K(Mg,Fe^{2+})_3[AlSi_3O_{10}](OH,F)_2$,成分很不固定,常含Ti、Ca、Mn、Na等多种物质。白云母(Muscovite),$KAl_2[AlSi_3O_{10}](OH)_2$,理论组成为$K_2O=11.8\%$,$Al_2O_3=38.5\%$,$SiO_2=45.2\%$,$H_2O=4.5\%$,但通常会有一定量的杂质。细小鳞片状的白云母称绢云母(Sericite),可能K较少而H_2O较多。当白云母结构中四次配位的Al被Si、六次配位的Al被Mg或Fe^{2+}部分取代时则形成多硅白云母(Phengite)。当白云母中六次配位的Al被Li取代且$Li_2O<3.3\%$时为锂白云母,$Li_2O=3.3\%\sim7.0\%$时为锂云母(Lepidolite)。白云母和锂云母不含铁、镁,属岩浆岩中的浅色矿物。云母均为单斜晶系,常成假六方板状或叶片状、鳞片状晶体。图4.5为黑云母、白云母和锂云母的光性方位图。

视频4.5 云母镜下鉴定特征

显微镜下黑云母为黄褐—黑褐色,强多色性和强正吸收性,一组底面极完全解理,平行消光,正延性,二轴负晶,$2V$小。相似矿物有:金云母颜色较浅,多色性弱;褐色普通角闪石具闪石式解理与消光,$2V$($53°\sim85°$)中—大;褐色电气石无解理且吸收性与黑云母相反;黑硬绿泥石有特殊的黄绿—靛蓝—灰绿多色性,一级干涉色(有灰绿或古铜红色异常);蛭石的折射率

(正低突起)及双折射率(0.20)较小；绿脆云母双折射率(0.012)较小。

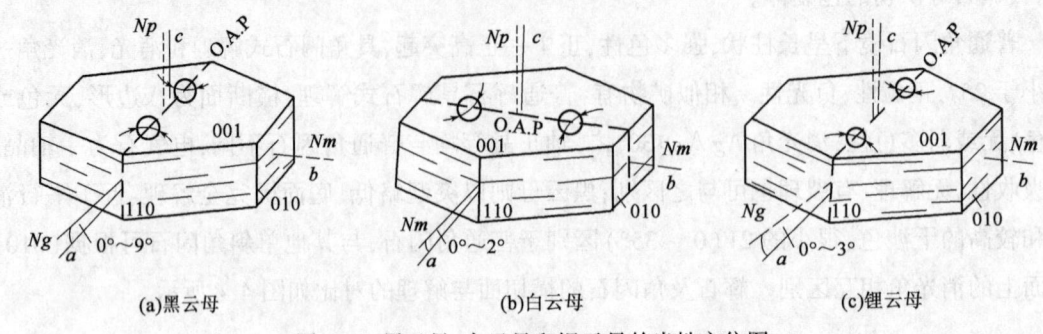

图4.5 黑云母、白云母和锂云母的光性方位图

镜下白云母无色(偶呈浅绿—浅黄色)，突起中等并具弱闪突起，平行消光，三级干涉色，正延性，$2V$中等。

镜下锂云母无色或带粉紫色调，弱多色性($Ng=Nm$，为浅粉—淡紫；Np无色)，正低突起，二级中干涉色，近平行消光(消光角最大达$6°\sim7°$)。铁锂云母折射率(正低—正中突起)和双折射率($0.030\sim0.032$)略高，据此可与锂云母区别。

黑云母在三大类岩石中都有广泛的分布，尤其在片麻岩、云母片岩、千枚岩、中酸性岩浆岩以及云母煌斑岩等岩类中占有显著的地位。白云母广泛分布于变质岩(片麻岩、云母片岩、千枚岩)、二云母花岗岩以及伟晶岩中，当硅铝质岩石遭受云英岩化时也常产出大量的白云母，在砂岩中常可见及。锂云母主要产于花岗伟晶岩以及与花岗岩有关的高温热液矿床中，与叶钠长石、锂辉石、磷铝石、黄玉、萤石、锡石、石英、电气石、绿柱石等共生。

二、浅色矿物

(一)石英和玉髓

石英(Quartz)，SiO_2，架状结构，高温变体β-石英为六方晶系，低温变体α-石英为三方晶系，在常压下两者转变温度为573℃。前者为柱面很短的六方双锥；后者为柱面同正负菱面体的聚形，长柱状，并有小晶面。在集合体中，石英多呈他形粒状或致密块状，高温变体常呈自形晶，并有熔蚀现象。现在自然界的石英全部为α-石英，原来晶出的β-石英也都转变为α-石英，不过还保留其β-石英的假象。岩浆岩中的石英常含有金红石、电气石、锆英石、磁铁矿等矿物，以及气、液物质的细小包裹体。

视频4.6 石英镜下鉴定特征

石英晶体的光性方位及镜下特征如图4.6所示。薄片中石英正低突起，无解理，表面光滑，无色透明(含杂质时可染成各种浅色泽)，无风化产物，一级灰白干涉色和一轴正晶是其鉴定特征。石英是地壳中仅次于长石的分布很广的矿物。它是花岗岩、流纹岩、花岗闪长岩的主要矿物，也是许多变质岩，如片岩、片麻岩、石英岩的重要组分，在砂岩中石英也占很大部分。高温β-石英只出现在喷出岩和超浅成侵入岩中。

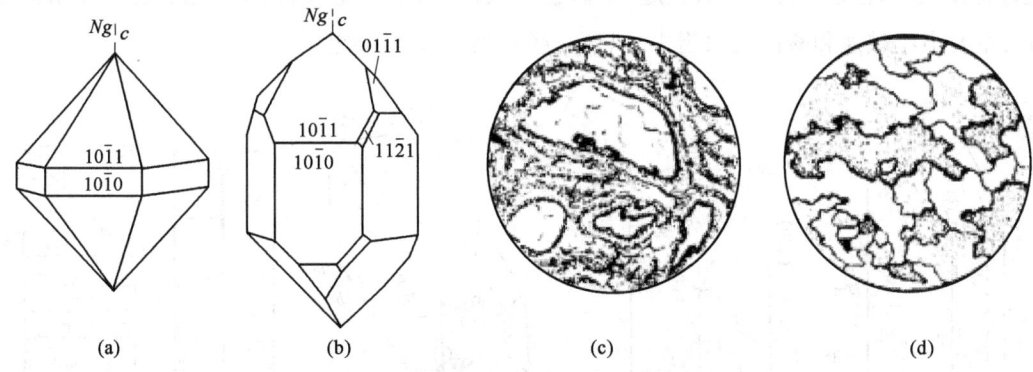

图 4.6 石英晶体的光性方位及镜下特征

(a)β-石英；(b)α-石英；(c)流纹岩中自形的被熔蚀β石英，$d=3.6mm$；
(d)脉岩中α-石英，$d=1.6mm$

SiO_2的微细纤维状变体称玉髓(Chalcedony)，多为隐晶质放射状、球粒状、致密状、皮壳状及钟乳状集合体。镜下为纤维状、放射状、负低突起，平行消光。沸石的折射率较小(负低—中突起)，可与玉髓区别，但准确鉴定须进行 X 射线衍射分析。玉髓主要产于火山岩气孔中，与石英、蛋白石、沸石、碳酸盐等矿物伴生。凝灰岩中玻璃质发生脱玻化时，经常有玉髓产出。有时也见于沉积岩中。

视频4.7 玉髓镜下鉴定特征

(二)长石族

长石族矿物是钾、钠、钙的铝硅酸盐，约占地壳重量的60%，它的分布几乎遍及各种火成岩。长石有两个类质同象系列，钾长石 $K[AlSi_3O_8]$ 分子(Or)和钠长石 $Na[AlSi_3O_8]$ 分子(Ab)混溶构成碱性长石，即钾钠长石系列；钠长石分子和钙长石 $Ca[Al_2Si_2O_8]$ 分子(An)混溶构成斜长石，即钠钙长石系列。

1. 碱性长石亚族

碱性长石亚族大体上又可分为：富钾长石类，含透长石、正长石和微斜长石；富钠长石类，歪长石、含钠长石；钾钠质长石类，即条纹长石。碱性长石晶体结构的四面体中 Si 和 Al 分布状况与其形成温度密切相关：在高温条件下 Al^{3+} 的排布是无规律的，称为无序结构；在低温条件下 Al^{3+} 在四面体中都倾向于占据同一相对位置，称为有序结构。据此碱性长石又有高温与低温之别，一般认为透长石和歪长石是高温种属，微斜长石和正长石是低温种属。透长石和正长石的光性方位及双晶类型如图 4.7 所示。

1) 透长石

透长石(Sanidine)，$(K,Na)[AlSi_3O_8]$，是高温下结晶的具 Al—Si 无序结构的钾长石变体。成分中常含少量钠长石分子(Ab)。晶体多沿 (010) 呈厚板状或沿 a 轴呈短柱状，断面六边形，亦常呈半自形微晶。

透长石薄片中无色透明(一般无风化产物)，{001}、{010} 解理完全

视频4.8 透长石镜下鉴定特征

(发育稍差),解理夹角90°,负低突起,干涉色一级灰,双晶常不发育,负延性。透长石是高温产物,主要产于碱性和酸性火山岩中,以斑晶或微晶的形态出现。

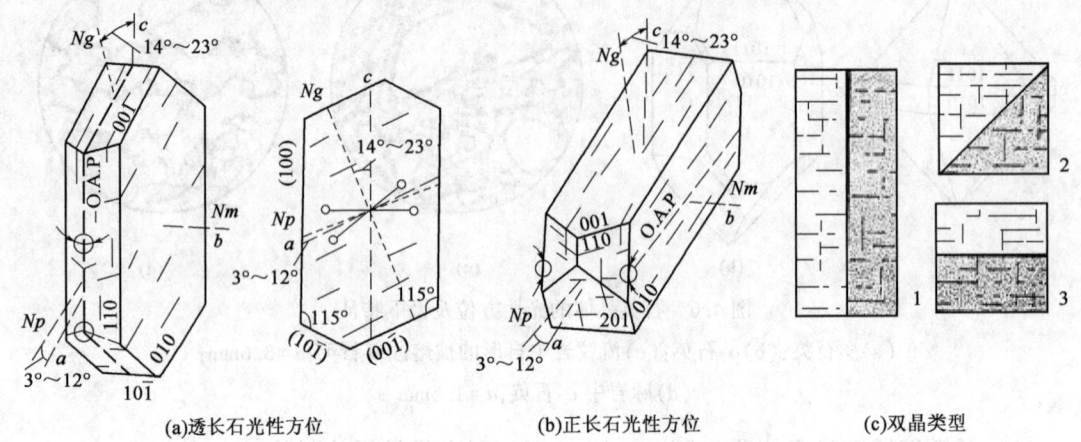

(a)透长石光性方位 (b)正长石光性方位 (c)双晶类型

图4.7 透长石和正长石的光性方位及双晶类型
1—卡斯巴双晶;2—巴温诺双晶;3—曼尼巴双晶

2)正长石

视频4.9 正长石镜下鉴定特征

正长石(Orthoclase),$K[AlSi_3O_8]$,具 Si—Al 部分有序结构。成分中钠长石分子(Ab)可达20%。晶体常沿 a 轴呈柱状、厚板状,常为不规则粒状,并常与石英成文象、蠕虫状交生,与钠长石组成条纹或反条纹。

正长石镜下无色,常因表面风化而显混浊的浅褐—浅红色泽,突起低负,两组解理夹角为90°,干涉色一级灰,斜消光,常发育卡斯巴、巴温诺、曼尼巴律简单双晶,负延性。

正长石广泛分布于酸性和碱性成分的岩浆岩中,在片麻岩、浅粒岩和花岗混合岩中也常有分布,在长石砂岩与硬砂岩中也多有分布。

3)微斜长石

视频4.10 微斜长石镜下鉴定特征

微斜长石(Microcline),$K[AlSi_3O_8]$,是低温下结晶的有序结构的钾长石稳定变体。Rb、Cs 含量的绿色微斜长石变种称为天河石(Amazonite),通常为不规则粒状,但也可呈较自形的斑晶或变斑晶,经常与钠长石构成条纹,成微斜纹长石。

薄片中无色透明或呈混浊的浅红褐色,负低突起,二组解理夹角为89°40′,干涉色一级灰,常发育似纺锤状的格子状双晶[见于(001)面],正或负延性。微斜长石的产状与正长石相似,产于各种花岗质岩石及含碱性长石的深成岩中。在火山岩中微斜长石不发育;在区域变质的结晶片岩、片麻岩中经常出现微斜长石;在碎屑沉积岩中也可见到微斜长石。微斜长石的光性方位如图4.8所示。

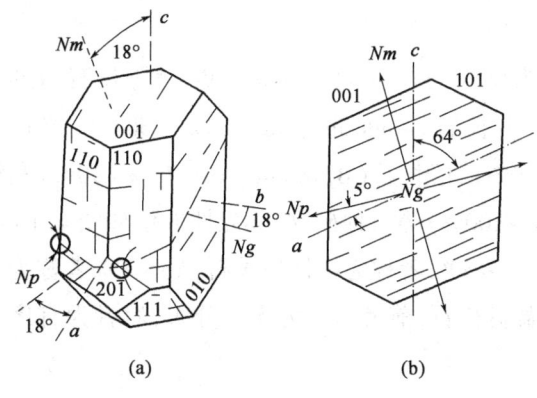
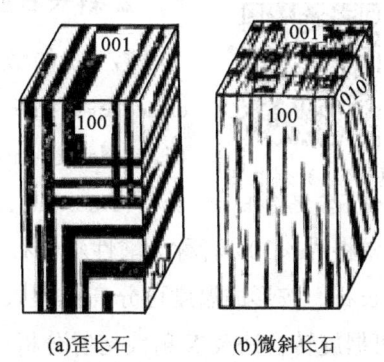

图4.8 微斜长石的光性方位图　　　　图4.9 歪长石和微斜长石的格子双晶

4）歪长石

歪长石（Anorthoclase），$(Na,K)[AlSi_3O_8]$，是富钠的高温碱性长石，具Si—Al无序结构，成分中Or可达5%~40%。镜下负低突起，一级灰干涉色，可有格子双晶。歪长石和微斜长石的格子双晶如图4.9所示。歪长石产于富碱火山岩和次火山岩中，或作为巨晶被包裹在碱性玄武岩中。

视频4.11 歪长石镜下鉴定特征

5）钠长石

钠长石（Albite），$Na[AlSi_3O_8]$，成分中可含一定量的钾长石分子（Or）和钙长石分子（An，当An>Or时属斜长石系列，An>10%时为更长石）。当呈放射状或半平行板条状集合体时称叶钠长石（Cleavelandite）。钠长石还常呈纺锤状、细脉状、杆状等嵌晶在钾长石中产出，形成条纹长石。

钠长石在薄片中无色透明或混浊，突起低负，干涉色通常为一级灰—灰白，斜消光，(010)面上的消光角为16°~28°，常见钠长石双晶，但双晶带不似更长石细密，有时于(100)面可见格子双晶。相似矿物有：正长石常为简单双晶，风化产物多为肉红、褐红色；石英为正低突起，一轴正晶，不见双晶，无解理；霞石是一轴晶，双折射率略低；有聚片双晶的堇青石以折射率略高，垂直双晶面的横切面呈对称消光（消光角为30°），还常出现多色晕与钠长石相区别。钠长石主要产于钙碱性、酸性岩浆岩以及花岗片麻岩、钠长石片岩中，在砂岩中也有产出（碎屑和自生矿物）。

6）条纹长石

条纹长石是由钾长石和钠长石组成的具条纹结构的混晶体。常见主晶为钾长石（正长石或微斜长石），客晶为酸性斜长石（钠长石或更长石）的"正条纹长石"；也可有主晶为酸性斜长石，客晶为钾长石的"反条纹长石"。由于酸性斜长石折射率较钾长石稍高，提升镜筒贝克线向客晶移动者为正条纹长石，反之为反条纹长石。条纹长石可由温度降低时的出溶作用形成，也可由残余岩浆或热液的交代作用形成。条纹长石的形态复杂多样。

视频4.12 条纹长石镜下鉴定特征

2. 斜长石亚族

视频4.13 斜长石镜下鉴定特征

按 An 的数量可分为钠长石(An = 0~10%)、更(奥)长石(Oligoclase, An = 10%~30%)、中长石(Andesine, An = 30%~50%)、拉长石(Labradorite, An = 50%~70%)、倍长石(Bytownite, An = 70%~90%)和钙长石(Anorthite, An = 90%~100%)等六种矿物,其光性方位如图 4.10 所示。常将 An<30%者称为酸性斜长石,An 为 30%~50%者称为中性斜长石,An>50%者称为基性斜长石。按形成温度可分高温斜长石和低温斜长石,前者 Al^{3+} 为无序分布,后者为有序分布,可据旋转台法及 X 射线衍射分析法区分。

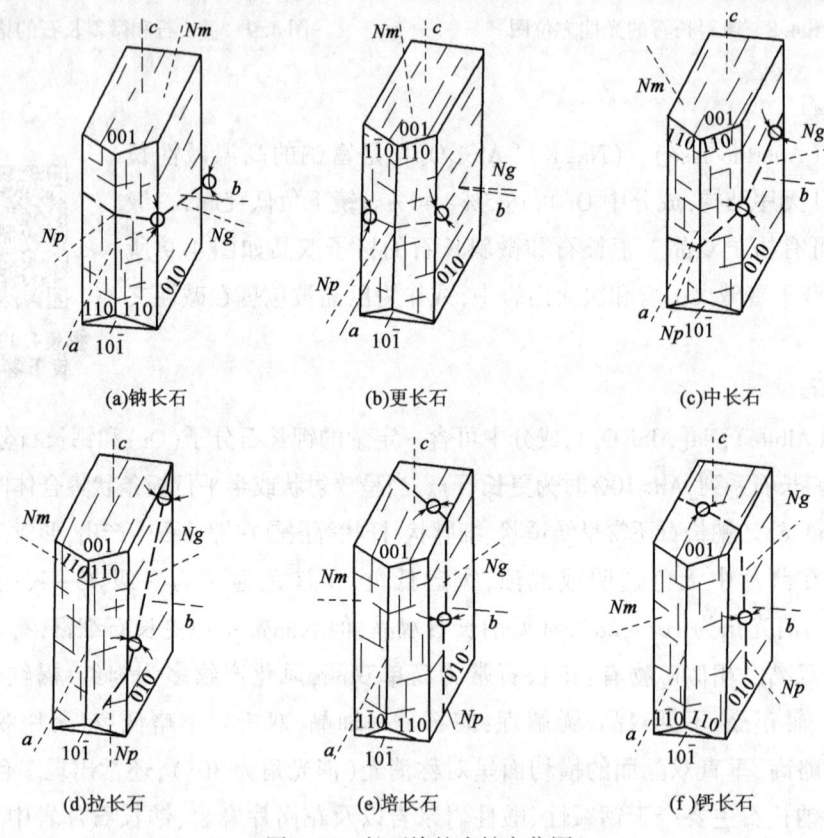

(a)钠长石　　　(b)更长石　　　(c)中长石

(d)拉长石　　　(e)培长石　　　(f)钙长石

图 4.10　长石族的光性方位图

薄片中斜长石多板条状晶形,无色透明(因风化多变为绢云母和黏土矿物而呈灰—灰白色),(010)和(001)解理完全,折射率随 An 的数量增加而增加,An<8%者负低突起,An 为 8%~22%者负—正低突起,An>22%者正低突起,干涉色也随 An 的增加由一级灰增至一级黄,双晶发育类型多样,以聚片双晶和卡钠复合双晶常见,常具环带构造。

(三)方解石、白云石

1. 方解石

视频4.14 方解石镜下鉴定特征

方解石(Calcite),$Ca[CO_3]$,但可含有少量的 Mn、Fe、Mg 及少量的

Pb、Zn、Sr、Ba 等。薄片中无色，No 为正中—高突起，Ne 为负低突起，闪突起显著。随 Ca 被其他离子替代，折射率值有所增加。解理夹角为 75°，沿解理方向对称消光。在薄片中双晶纹平行菱形解理的长对角线，有时还可见有环带，负延性。

2. 白云石

白云石（Dolomite），$CaMg[CO_3]_2$，成分中常有 Fe^{2+} 代替部分 Mg，当 Fe^{2+} 代替 Mg 达 1∶1 时，称铁白云石；白云石通常含 MnO（3%~4%），Mn 可以连续代替 Mg。白云石中偶有 Ni、Pb、Zn、Co 存在。白云石具有以下光性特征：薄片中无色，有时呈混浊的灰色，富铁的变种可呈褐色。菱面体解理完全，双晶纹平行解理的短对角线。在沉积岩中可见环带构造或"雾心亮边"，中心混浊，而边部干净、明亮。闪突起显著，No 正高突起，Ne 负低突起，折射率及双折射率随 Fe^{2+}、Mn 含量的增加而加大。高级白干涉色，薄片边缘有时可有 4 级以上干涉色色圈。一轴晶负光性。

视频 4.15 白云石镜下鉴定特征

三、副矿物

（一）电气石

电气石（Taurmaline）是具双层六方环状结构的含硼硅酸盐矿物，化学成分很复杂，类质同象常见。其最重要的鉴别特征为柱状晶形、弧边三角形的横断面，无解理，横断裂纹，多色性与吸收性强，特征的反吸收性（$No>Ne$），正高—正中突起，干涉色二至三级，平行消光和负延性。

视频 4.16 电气石镜下鉴定特征

（二）锆石

锆石（Zircon），$Zr[SiO_4]$，常含 Fe、Hf、Th、U 等杂质。镜下四方柱或带锥的柱状晶体，无色或浅色调，正极高突起，干涉色三至四级，一轴正晶。

视频 4.17 锆石镜下鉴定特征

（三）金红石

金红石（Rutile），TiO_2，镜下为四方柱状、针状和纤维状，浅红、浅黄及紫色，弱多色性，有柱面解理，正极高突起，高级白干涉色（常被本色掩盖）。

视频 4.18 金红石镜下鉴定特征

（四）榍石

榍石（Sphene），$CaTi[SiO_4](O,OH,Cl,F)$，常有 Tr、Mn、Sr、Ta、V、Cr 等类质同象替代物，晶体信封状或板状。镜下常为特殊的菱形、双楔形断面，无色至浅黄—浅绿色，多色性显著，正极高突起，解理较完全，斜消光，二轴正晶。榍石的光性方位如图 4.11(a) 所示。

视频 4.19 榍石镜下鉴定特征

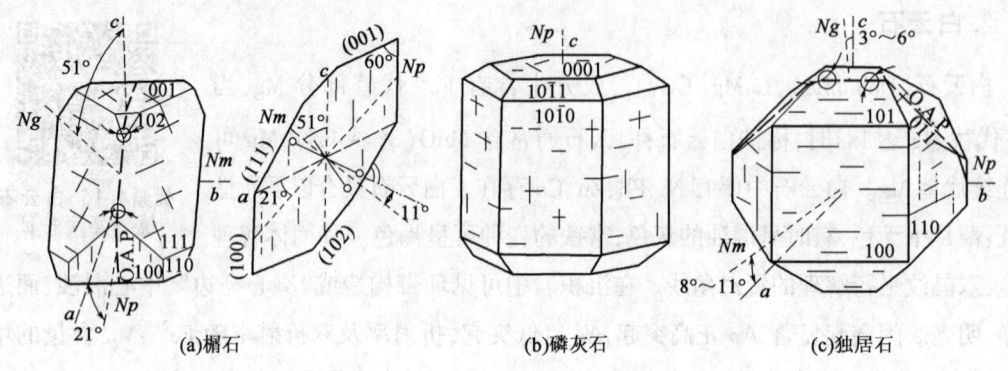

(a)榍石　　　　　　　　　(b)磷灰石　　　　　　　　(c)独居石

图 4.11　榍石、磷灰石和独居石的光性方位图

视频4.20 磷灰石镜下鉴定特征

(五)磷灰石

磷灰石(Apatite), $Ca_5[PO_4]_3(F,Cl,OH)$，多有类质同象替代物，是分布最广的磷酸盐矿物。镜下为六方柱状或六边形切面，无色或极浅色泽，微弱多色性，正中突起，解理不完全，一级灰干涉色，一轴负晶。磷灰石的光性方位如图 4.11(b)所示。

视频4.21 独居石镜下鉴定特征

(六)独居石

独居石(Monazite), $(Ce,La,Nd,Th)[PO_4]$，为稀钍元素的磷酸盐矿物，成分很复杂。镜下常为细小的板状、叶片状及短柱状晶形，无色或黄色，弱多色性，正极高突起，解理完全，高级白干涉色，斜消光，二轴正晶。独居石的光性方位如图 4.11(c)所示。

视频4.22 尖晶石镜下鉴定特征

(七)尖晶石

尖晶石(Spinel), $(Mg,Fe,Zn,Mn)[(Al,Cr,Fe)_2O_4]$，类质同象替代常见，多为八面体或不规则粒状。镜下为三角形、四边形、六边形或不规则形态，颜色和透明度与成分有关。贵尖晶石无色或浅绿—浅红色，镁铁尖晶石绿色，铁尖晶石深绿—黑色，铬尖晶石绿色或微透明的红褐—黄褐色。尖晶石和磁铁矿的晶形如图 4.12 所示。

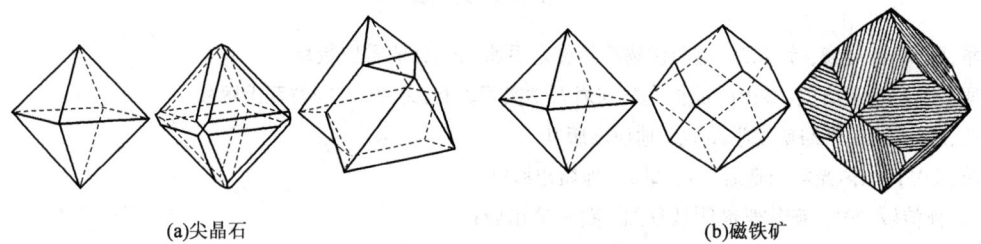

(a)尖晶石　　　　　　　　　　(b)磁铁矿

图 4.12　尖晶石和磁铁矿的晶形

参 考 文 献

常丽华,陈曼云,金巍,等,2006.透明矿物薄片鉴定手册.北京:地质出版社
赖绍聪,罗静兰,王居里,2010.晶体光学与岩石学实习教程.北京:高等教育出版社.
李胜荣,2008.结晶学与矿物学.北京:地质出版社.
林培英,2011.晶体光学与造岩矿物.北京:地质出版社.
刘显凡,孙传敏,2011.矿物学简明教程.北京:地质出版社.
倪志耀,2013.晶体光学.北京:地质出版社.
唐洪明,2007.矿物岩石学.北京:石油工业出版社.
唐洪明,2014.矿物岩石学实验教程.北京:石油工业出版社.
汪相,2009.晶体光学.南京:南京大学出版社.
武汉地质学院矿物研究室,1986.结晶学及矿物学实习指导书.北京:地质出版社.
肖松,达雪娟,2015.造岩矿物鉴定实验指导.北京:石油工业出版社.
许虹,2014.结晶学与矿物学实习与自学指导书.北京:地质出版社.
张恩,彭明生,2011.结晶学与矿物学实验指导书.北京:地质出版社.
赵珊茸,2017.结晶学与矿物学.北京:高等教育出版社.
赵珊茸,肖平,2011.结晶学与矿物学实习指导.北京:高等教育出版社.
赵珊茸,2011.结晶学与矿物学.北京:高等教育出版社.

附录 I 矿物中英文对照及代号表（IUGS 推荐）

序号	矿物缩写符号	矿物英文名称	矿物中文名称	序号	矿物缩写符号	矿物英文名称	矿物中文名称
1	Ab	Albite	钠长石	29	Atg	Antigorite	叶蛇纹石
2	Act	Actinolite	阳起石	30	Ath	Anthophyllite	直闪石
3	Adr	Andradite	钙铁闪石	31	Aug	Augite	辉石
4	Aeg	Aegirine	霓石（原称为 acmite）	32	Ax	Axinite	斧石
5	Afs	Alkalifeldspar	碱性长石	33	Bhm	Böhmite（Boehmite）	软水铝矿
6	Agt	Aegirine-augite	霓辉石	34	Bn	Bornite	斑铜矿
7	Ak	Åkermanite（Akermanite）	镁黄长石	35	Brc	Brucite	水镁石
8	Aln	Allanite	铁铝榍石	36	Brk	Brookite	板钛矿
9	Als	Alumosilicate	褐硅酸盐	37	Brl	Beryl	绿柱石
10	Am	Amphibole	闪石	38	Brs	Barroisite	冻蓝闪石
11	An	Anorthite	钙长石	39	Brt	Barite	重晶石
12	And	Andalusite	红柱石	40	Bst	Bustamite	锰硅灰石
13	Anh	Anhydrite	硬石膏	41	Bt	Biotite	黑云母
14	Ank	Ankerite	铁白云母	42	Cal	Calcite	方解石
15	Anl	Analcime	方沸石	43	Cam	Clinoamphibole	单斜角闪石（闪石）
16	Am	Amite	铁云母	44	Cb	Carbonate mineral	碳酸盐矿物
17	Ant	Anatase	锐钛矿	45	Cbz	Chabazite	菱沸石
18	Ap	Apatite	磷灰石	46	Cc（Clc）	Chalcocite	辉铜矿
19	Apo	Apophyllite	鱼眼石	47	Ccl（Csl）	Chrysocolla	硅孔雀石
20	Apy	Arsenopyrite	毒砂	48	Ccn	Cancrinite	钙霞石
21	Arf	Arfvedsonite	亚铁钠闪石	49	Ccp（Clp）	Chalcopyrite	黄铜矿
22	Arg	Aragonite	文石	50	Cel	Celadonite	绿鳞石
23	Cfs	Clinoferrosilite	斜铁辉石	51	Cen	Clinoenstatite	斜顽火辉石
24	Chl	Chlorite	绿泥石	52	Dol	Dolomite	白云石
25	Chm	Chamosite	鲕绿泥石	53	Drv	Dravite	镁电气石
26	Chn	Chondrodite	粒硅灰石	54	Dsp	Diaspore	硬水铝石
27	Chq	Clinoholmquistite	斜锂闪石/斜锂蓝闪石	55	Eck	Eckermannite	钙叶绿泥石
28				56	Ed	Edenite	浅闪石

续表

序号	矿物缩写符号	矿物英文名称	矿物中文名称	序号	矿物缩写符号	矿物英文名称	矿物中文名称
57	Chr	Chromite	铬铁矿	90	Elb	Elbaite	锂电气石
58	Chu	Clinohumite	斜硅镁石	91	En	Enstatite	顽火辉石
59	Clc	Clinochlore	斜绿泥石	92	Ep	Epidote	绿帘石
60	Cld	Chloritoid	硬绿泥石	93	Fa	Fayalite	铁橄榄石
61	Cls	Celestine	天青石	94	Fe2-Act	Ferro-Actinolite	铁阳起石
62	Coe	Coesite	柯石英	95	Fe2-Chq	Clinoferroholmquistite	斜铁锂闪石
63	Cph	Carpholite	斜锰柱石	96	Fe2-Ed	Ferro-Edenite	铁浅闪石
64	Cpx	Clinopyroxene	单斜辉石	97	Fe2-Hbl	Ferrohornblende	铁角闪石
65	Crd	Cordierite	堇青石	98	Fe2-Ts	Ferrotschermakite	铁钙闪石
66	Crn	Corundum	刚玉	99	Fl	Fluorite	萤石
67	Crs	Cristobalite	方石英	100	Fo	Forsterite	镁橄榄石
68	Cst	Cassiterite	锡石	101	Fs	Ferrosilite	铁辉石
69	Ctl	Chrysotile	纤蛇纹石	102	Fsp	Feldspar	长石
70	Cum	Cummingtonite	铁铁闪石	103	Gad	Gadolinite	硅铍钇矿
71	Cv	Covellite	铜蓝	104	Gbs	Gibbsite	三水铝石
72	Czo	Clinozoisite	斜黝帘石	105	Ged	Gedrite	铝直闪石
73	Dee	Deerite	迪尔石	106	Gh	Gehlenite	铝黄长石
74	Dg	Digenite	蓝辉铜矿	107	Gln	Glaucophane	蓝闪石
75	Di	Diopside	透辉石	108	Glt	Glauconite	海绿石
76	Gn	Galena	方铅矿	109	Kfs	K-feldspar	钾长石
77	Gp	Gypsum	石膏	110	Kie	Kieserite	水镁矾
78	Gr (Grp)	Graphite	石墨	111	Kln	Kaolinite	高岭石
79	Gre	Greenalite	铁蛇纹石	112	Kln-Srp	Kaolinite-Serpentine	高岭石-蛇纹石
80	Grs	Grossular	钙铝榴石	113	Kls	Kalsilite	钾霞石
81	Grt	Garnet	石榴子石	114	KMg-Sdg	Potassic-Magnesiosadanagaite	钾镁砂川闪石
82	Gru	Grunerite	铁闪石	115	Koz	Kôzulite (Kozulite)	铁锰钠闪石
83	Gt	Goethite	针铁矿	116	Km	Kornerupine	柱晶石
84	Hbl	Hornblende	普通角闪石	117	Krs	Kaersutite	钛闪石
85	Hc	Hercynite	铁尖晶石	118	K-Sdg	Potassicsadanagaite	钾钠川闪石
86	Hd	Hedenbergite	钙铁辉石	119	Ktp	Katophorite	红钠闪石（红闪石）
87	Hem	Haematite (Hematite)	赤铁矿	120	Ky	Kyanite	蓝晶石
88	Hgb	Högbomite (Hoegbomite)	黑铝镁钛矿	121	Laz	Lazulite	天蓝石
89	Hl	Halite	石盐	122	Lct	Leucite	白榴石

续表

序号	矿物缩写符号	矿物英文名称	矿物中文名称	序号	矿物缩写符号	矿物英文名称	矿物中文名称
123	Hq	Holmquisitite	铝闪石	156	Lm	Limonite	褐铁矿
124	Hs	Hastingsite	绿钙闪石	157	Lmt	Laumontite	浊沸石
125	Hu	Humite	硅镁石	158	Lo	Lollingite(Loellingite)	斜方砷铁矿
126	Hul	Heulandite	片沸石	159	Lpd	Lepidolite	锂云母
127	Hyn	Hauyne	蓝方石	160	Lws	Lawsonite	硬柱石
128	Il	Illite	伊利石	161	Lz	Lizardite	利蛇纹石
129	Ilm	Ilmenite	钛铁矿	162	Mag	Magnetite	磁铁矿
130	Jd	Jadeite	硬玉	163	Mar	Marialite	钠柱石
131	Jh	Johannsenite	钙镁辉石	164	Mc（Mic）	Microcline	微斜长石
132	Joe	Joesmithite	铝铍闪石	165	Mca（Mi）	Mica	云母
133	Mei	Meionite	钙柱石	166	Ol	Olivine	橄榄石
134	Mel	Melilite	黄长石	167	Omp	Omphacite	绿辉石
135	Mgh	Maghemite	磁赤铁矿	168	Op	Opaque mineral	不透明矿物
136	Mg-Hbl	Magnesiohornblende	镁角闪石	169	Opx	Orthopyroxene	正方辉石
137	Mg-Ktp	Magnesiokatophorite	镁红钠闪石	170	Or	Orthoclase	正长石
138	Mg-Rbk	Magnesioriebeckite	镁钠闪石	171	Osu	Osumilite	大隅石
139	Mgs	Magnesite	菱镁矿	172	Pcl	Pyrochlore	烧绿石
140	Mg-Sdg	Magnesiosadanagaite	镁砂川闪石	173	Pct	Pectolite	针钠钙石
141	Mns	Minnesotaite	铁滑石	174	Per	Periclase	方镁石
142	Mnt	Montmorillonite	蒙脱石	175	Pg	Paragonite	钠云母
143	Mnz	Monazite	独居石	176	Pgt	Pigeonite	易变辉石
144	Mo	Molybdenite	辉钼矿	177	Phg	Phengite	多硅白云母
145	Mrc	Marcasite	白铁矿	178	Phl	Phlogopite	金云母
146	Mrg	Margarite	珍珠云母	179	Pl	Plagioclase	斜长石
147	Ms	Muscovite	白云母	180	Pmp	Pumpellyite	绿纤石
148	Mtc	Monticellite	钙镁橄榄石	181	Pn	Pentlandite	镍黄铁矿
149	Mul	Mullite	莫来石	182	Po	Pyrrhotite	磁黄铁矿
150	Mw	Merwinite	黝硅镁钙石	183	Prg	Pargasite	韭闪石
151	Ne	Nepheline	霞石	184	Prh	Prehnite	葡萄石
152	Nrb	Norbergite	块硅镁石	185	Prl	Pyrophyllite	叶蜡石
153	Nsn	Nosean	黝方石	186	Prl-Tlc	Pyrophyllite-Talc	叶蜡石-滑石
154	Ntr	Natrolite	钠沸石	187	Prp	Pyrope	镁铝榴石
155	Oam	Orthoamphibole	斜方闪石	188	Px	Pyroxene	辉石

— 109 —

续表

序号	矿物缩写符号	矿物英文名称	矿物中文名称	序号	矿物缩写符号	矿物英文名称	矿物中文名称
189	Py	Pyrite	黄铁矿	221	Trd	Tridymite	鳞石英
190	Qtz	Quartz	石英	222	Tro	Troilite	陨硫铁
191	Rbk	Riebeckite	钠闪石	223	Ts	Tschermakite	镁钙闪石
192	Rdn	Rhodonite	蔷薇辉石	224	Ttn	Titanite	榍石
193	Rds	Rhodochrosite	菱锰矿	225	Tur	Tourmaline	电气石
194	Rit	Richterite	钠透闪石	226	Usp	Ulvöspinel (Ulvoespinel)	铁铁尖晶石
195	Rt	Rutile	金红石	227	Uvt	Uvarovite	钙铬榴石
196	Sa	Sanidine	透长石	228	Ves	Vesuvianite	符山石
197	Scp	Scapolite	方柱石	229	Viv	Vivianite	蓝铁矿
198	Sd	Siderite	菱铁矿	230	Vrm	Vermiculite	蛭石
199	Sdg	Sadanagaite	砂川闪石	231	Win	Winchite	蓝透闪石
200	Sdl	Sodalite	方钠石	232	Wmca (Wmi)	White Mica	白色云母
201	Sep	Sepiolite	海泡石	233	Wo	Wollastonite	硅灰石
202	Ser	Sericite	绢云母	234	Wrk	Wairakite	斜钙沸石
203	Sil	Sillimanite	夕线石	235	Wth	Witherite	碳钡矿
204	Sme	Smectite	蒙脱石,蒙皂石	236	Wus	Wüstite (Wuestite)	方铁矿
205	Sp	Sphalerite	闪锌矿	237	Xtm	Xenotime	磷钇矿
206	Spd	Spodumene	锂辉石	238	Zeo	Zeolite	沸石
207	Spl	Spinel	尖晶石	239	Zrn	Zircon	锆英石
208	Spr	Sapphirine	假蓝宝石	240	Zwd	Zinnwaldite	铁锂云母
209	Sps	Spessartine	锰铝榴石	241	Zo	Zoisite	黝帘石
210	Srl	Schorl	黑电气石				
211	Srp	Serpentine	蛇纹石				
212	St	Staurolite	十字石				
213	Sb	Stilbite	辉沸石				
214	Stp	Stilpnomelane	黑硬绿泥石				
215	Str	Strontianite	碳锶矿				
216	Stv	Stishovite	斯石英				
217	Tlc	Talc	滑石				
218	Tmt	Taramite	绿闪石				
219	Toz	Topaz	黄玉				
220	Tr	Tremolite	透闪石				

附录Ⅱ 透明矿物干涉色色谱表

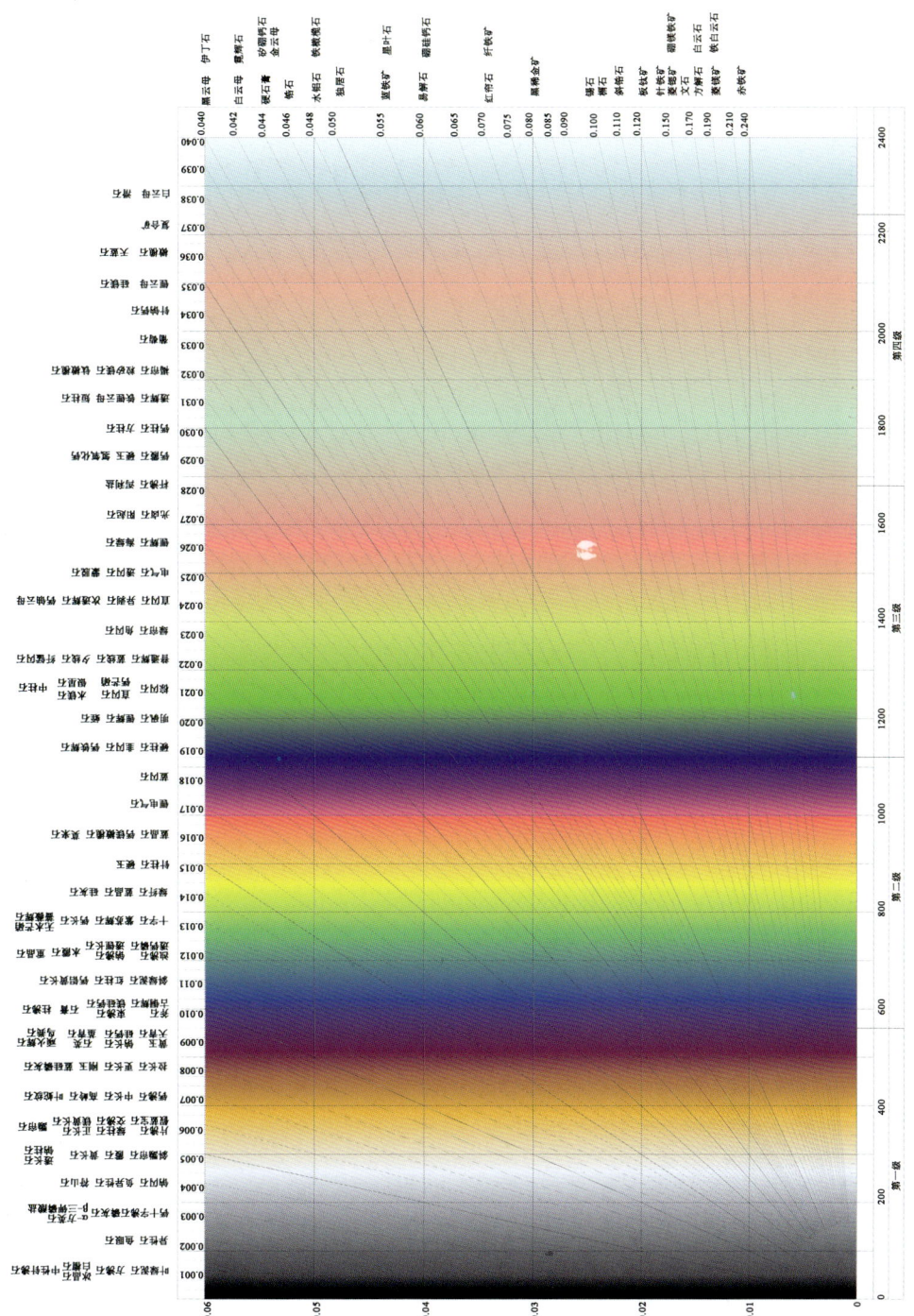

 **延伸学习**

扫一扫获取更新资源

扫一扫看结晶学与矿物学课程　　　扫一扫看晶体光学课程